どんな本でも大量に読める「速読」の本

雪球速讀法

累積雜學資料庫，達到看書十倍速，
大考小考通通難不倒

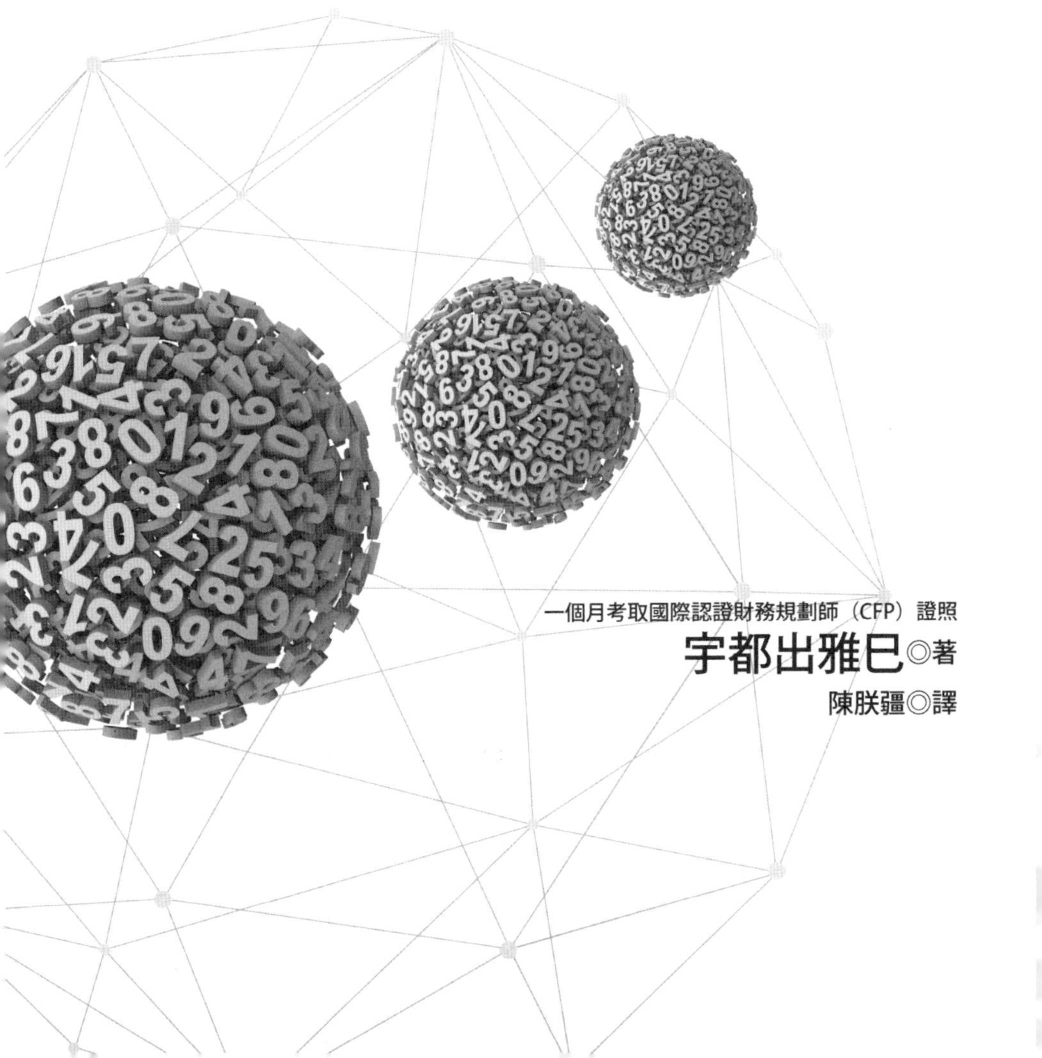

一個月考取國際認證財務規劃師（CFP）證照
宇都出雅巳◎著
陳朕疆◎譯

前言　書本不教你的速讀秘密

「讓看書速度變成現在的十倍！」

「十分鐘念完一本書！」

「一個晚上可以念完五本書！」

書店裡擺著速讀書籍，書櫃上每本書的標題都像是在比賽，看誰能念得比較快。

看到這樣的標題，你有什麼感覺呢？

或許你會覺得「如果真的做得到，也太強了」，但內心是否卻覺得「看起來相當令人懷疑」呢？

我在25年前初次接觸速讀，心中一直抱著「如果真的辦得到呢？」這種微小的期待，至今已參加過各式各樣的速讀課程。現在，我也算是「擅長速讀」的人了。

我曾在某間速讀教室測試我的速讀能力，結果顯示，每分鐘我可以讀超過一萬字。以這本書為例，一頁約有五百字，表示我十分鐘就能讀完兩百頁。因此一天讀完數十本書沒什麼問題，事實上我常常超過這個數字。這25年中，我每天至少會讀一本書，所以一共讀過一萬本書。

我想表達的是，速讀教科書中的「速度變成十倍」、「十分鐘一本書」、「一晚讀五本書」等說詞是真的，但卻也不完全是真的。

究竟，哪個部分不是真的呢？

的確，在速讀課程中學習到的速讀技巧相當有效。然而，若想「學會速讀」，還有一個重點，如果做不到便無法學會速讀。

不過，幾乎所有的速讀教科書及速讀課程都不會提到這個重點。

在這裡讓我們先來做一個簡單的實驗。

下一頁的一開始，寫著一句話，我故意弄亂句中文字的順序。

這個實驗是想知道，讀者在看到順序錯亂文字的一瞬間，能不能明白句子是什麼意思。

準備好之後，請翻開下一頁，迅速瞄一眼。

「事者竟志有成」

因為只能瞄一眼，所以沒時間「事・者・竟・志・有・成」這樣一個字一個字慢慢看。不過只要瞄過去，相信大家都能理解這句話的意思。

這就是一個速讀技巧的例子，「不轉換成聲音念出來，只是看過去」。即使只是很短的一句話，如果你能在一瞬間看出這句話的意思，這便是速讀。

「的確，不用轉換成聲音念出來，用看的就可以記在大腦裡！」

「原來只要記在大腦裡，大腦就能準確處理並理解這些訊息。」

「如果看過就能理解，是不是任何書籍都有辦法速讀呢？」

大家會這麼想也不奇怪，但可惜的是，這樣的想法並不正確。因為剛才你在上面所看到的訊息，並不是寫在書上的「事者竟志有成」，而是原本就存在於你腦中的「有志者事竟成」。

那麼，要是「看過以後仍無法理解」該怎麼辦呢？

也許你會覺得速讀太過困難，但其實不是這樣。這只是因為你還不瞭解字詞的意思，熟悉度還不足而已。

我們在讀任何讀物的時候，會用到我們從前所累積的所有知識、資訊、經驗等「雜學資料庫」（以下簡稱「資料庫」）。因此讀得快或慢，與你資料庫的質與量息息相關。

換句話說，擁有愈多讀書經驗，瞭解愈多相關領域的資訊，你的資料庫就愈豐富。

譬如，即使你沒學過速讀技巧，碰到內容熟悉的文章或書籍，你也能夠迅速讀完，這是因為你擁有蓄積許多知識、資訊、經驗的資料庫。

然而，大多數的速讀課程，卻幾乎沒有提到最重要的「資料庫」。這也是為什麼速讀法容易讓人懷疑，並且使許多挑戰速讀的人感到挫折。

我們不該忽略資料庫的重要性，而是應該儘量活用，才能學到真正派得上用場，真正能幫助我們的速讀法。

本書將介紹著重「資料庫」的速讀方式，也就是能夠高速大量循環的「雪球速讀法」。這種方法不需花費大量時間或金錢，卻能夠馬上應用在閱讀上，像滾雪球一樣讓你的資料庫愈滾愈大，是相當有效率的速讀法。可以提升你閱讀的層次，讓你能自然而然地感受到閱讀的醍醐味。我就是透過這種速讀法，豐富了自己的工作及私人生活。

這本書即為了傳達「雪球速讀法」的奧妙之處而寫作。

如果你是下列幾種人之一，請你一定要翻閱本書。

- 一直覺得速讀是種「相當可疑」的方法，而不願接觸
- 曾試著看過速讀教科書，但看到一半便放棄

- **曾參加過速讀課程，卻覺得很難應用在平時閱讀上**

希望本書能夠幫助你拉近與速讀的距離，將速讀應用在考試、閱讀等各個方面，為你的生活增添更多色彩。

目錄

第「2」章 「雪球速讀法」現場解密！

第「3」章

三十分鐘速讀，掌握每一本書

第「4」章

過度重視效率，反而陷入「危險閱讀」的陷井

⑩ 速讀與大腦的運作模式 158

第「5」章

速讀增加人與書相遇的美好

後記

第 1 章

速讀能力
來自於「雜學資料庫」

01 為什麼學不好速讀？

◎速讀技巧仍有極限

有一次，某個文化教室所舉辦的速讀研討會邀請我擔任講師，我對那時發生的某件事印象特別深刻。

當時，我向參加者說「現在，請各位從你的包包中拿出一本今天帶來的書」，結果發現幾乎所有人都沒有帶書過來。參加速讀研討會，卻連一本書也沒帶在身上，我對這樣的事實感到有些震驚。

不過，我並不是想說這樣的態度很糟糕。也許他們只是不打算在外面看書，再說，讀不讀書本來就是個人的自由。

然而，如果「想讀書」的意念很強烈，即使是零碎的空擋時間，也應該會想看點書，那麼隨身攜帶書籍就不奇怪。

「即使你這麼說……我要是能很快看完，我早就看了。」

「因為書看得很慢，總覺得抓不到看書的訣竅，才會想來學速讀。」

也許有些人會提出這樣的理由。

但如果你真的這麼想，那不管你學多少速讀技巧，也學不會真正的速讀。「等到我看書的速度快一點再來看書」，反過來說，就表示「在我看書的速度變快以前，都不會去看書」。

平常不太會去看書的人，不可能只經過數天的課程，或惡補一些速讀技巧，讀書的速度就突飛猛進。雖然在速讀教室接觸到速讀的「入門知識」，但若想要讓看書的速度變快，不只需要那些速讀技巧，更重要的是你以往累積下來的知識、資訊、經驗等資料庫。

反過來說，只要擁有與某本書相關的知識、資訊、經驗等資料庫，即使不經過特別訓練，這本書你也能讀得比別人快。

相信許多人都有這樣的經驗。

● 內容熟悉的書可以讀比較快
● 若一直看同一個領域的書，該領域的書籍會愈看愈快
● 已經看過一遍的書，第二次看的時候會比第一次快

累積資料庫的方法有很多種，最簡單、最有效率的方法就是「多讀書」。

如果你想要「學會速讀」，比起學習那些速讀技術，還是多讀點書，累積資料庫比較實在。

幫助速讀的資料庫有哪些？

知識　資訊　經驗

↓

雜學資料庫 × 速讀技巧 ＝ 速讀能力

例如

李先生
喜歡歷史
常看歷史書籍
（知識量豐富）

陳先生
在補習班擔任
歷史老師
（有許多得到資訊的機會）

王先生
在大學一共學習
四年歷史
（有許多經驗）

即使這三個人沒學過速讀技巧
都能快速看完歷史書籍

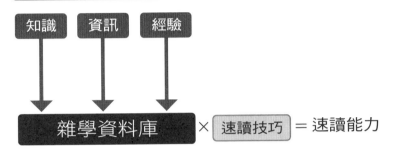

◎我能學會速讀的真正原因

自從我決定要「提升自己看書的速度」，我便開始閱讀資料，到處學習速讀技巧。

於是從學生時代開始，我便在速讀教室上課，然而，閱讀速度卻一直難以達到我期望的程度。這段期間，我嘗試十間以上的速讀教室，課程費用實在非常可觀。

最後，我終於將速讀技巧確實地化為己用，看書速度也有所提升。

然而，仔細回顧之後，我發現我學到的技巧只佔速讀能力的一小部分。比起學到的技巧，更重要的是利用這些技巧，看過許許多多的書，增加讀書量及讀書經驗，並累積大量資料庫，這才是我能學會速讀的主因。

◎「習慣閱讀」比「速讀技巧」重要

然而，許多速讀教室的網站、廣告，以及速讀教科書，卻都只宣稱「學會這種速讀法，在×分鐘內就能看完一本書」，而忽略資料庫的重要性。

再說，不同書之間在頁數、內容難易度等條件上都會有很大的差別。而同一本書的難度也會因讀者而異，如果書中內容是讀者原本就很熟悉的領域，讀書速度就會快上許多，相反地，若是不太熟悉內容的讀者，自然會讀得比較慢。

不管你學會再多速讀技巧，若是完全不曉得與書中內容相關的知識，那麼困難的書還是困難的書，不會變簡單。要是你平時就沒有讀書習慣，那速讀的效果就更不明顯。換句話說，你有速讀技巧，資料庫卻嚴重不足，能速讀的書籍種類相當有限。

譬如，假設你要學習法律知識，想挑一些相關的專業書籍來讀。在法律的專業書籍中，即使是頁數比較少、以初學者為對象的入門書，對大多數人來說仍相當陌生，閱讀的難度很高。即使你學過很多閱讀技巧，也不可能馬上就迅速讀完且完全理解。

但不知為何，坊間的速讀教室卻從來不強調資料庫的重要性。

◎不要被投機取巧的方法迷惑！

前陣子，偶然在電視上看到一個節目在講速讀的小技巧。

那天傍晚，我兒子正在看一個給小朋友看的電視節目，節目中邀請「速讀達人」來講解一些關於速讀的技巧。

雖然這只是節目的一個小單元，用的時間不多，但我看過之後卻只覺得心寒，我心想「就是因為這樣，大多數人才對速讀存有某些幻想，在學習時遭受挫折」。

節目中請來的是某個速讀教室的講師，他實際示範用速讀讀完一篇短文，並指導其他小朋友速讀的重點。

他提到，重點在於速讀時並不是在「讀」，而是在「看」。接著他為了說明他們訓練的方法，做了以下的實驗。

他在一瞬間向大家秀出一張寫著「小提琴」這幾個大字的紙版，測試小朋友們有沒有辦法「看出」紙上寫什麼。

因為只有一瞬間，不可能把「小・提・琴」一個字一個字仔細讀過，所以必須「閱讀時不轉換成聲音」。

而「小提琴」是一般人很熟習的詞彙，即使只是晃過一眼，也能馬上看出是什麼詞彙。

實驗結束後，出現了許多讚嘆：「即使不仔細看也看得懂！」、「真的晃過一眼就懂了！」

不過中間有一個盲點，其實我們平時就經常「閱讀時不轉換成聲音」這個等級的詞彙。舉例來說，請回想你進入拉麵店或簡餐店時，看牆壁上貼的菜單。

「醬油拉麵　六〇〇圓」
「味噌拉麵　七〇〇圓」

看到這樣的菜單時，即使不去一個字一個字讀「醬、油、拉、麵」，也能馬上明白那是什麼。所以，這是很正常的一件事。

◎速讀的時候大腦是怎麼運作？

接著，電視節目開始進行另一種訓練。

就像剛才一樣，速讀達人在一瞬間向大家秀出一張寫著幾個大字的紙版，不過這次寫在紙板上的是前後順序被打亂的文字。

例如「蘿包菠麵」，這是把「菠蘿麵包」的文字順序打亂後的樣子。

這是訓練你能夠在看到順序錯亂文字的一瞬間，正確回答出語詞的意思。

「你的大腦能夠將你在一瞬間所得到的資訊，重新排列組合成正確的順序」，電視節目中的速讀講師這麼說明。

再接下來的訓練，則是要你迅速看過一個文字順序混亂的句子。

「事者竟志有成」

如你所見，這就是我們在「前言」中介紹過的句子。這是「有志者事竟成」的文字順序被打亂的句子。這個訓練是希望你在看到這個句子的一瞬間，能夠正確回答出原本的句子。而電視中的孩子們都能順利回答出答案。

只是稍微瞄一眼，就能看出由好幾個文字組成，順序又亂七八糟的句子是什麼意思，這讓電視節目裡的小朋友感到訝異。連和我一起看電視的老婆也跟著驚呼「真的耶」，佩服不已。在那個當下的觀眾，也許都因此被感動而發出讚嘆，心中對速讀充滿憧憬。

遺憾的是，「只要將看到的資訊輸入大腦，大腦就會自動幫我們處理，達到速讀的目的」，這種想法是天大的誤會。

◎讀的不是書，而是大腦內的資訊

當我們看到「事者竟志有成」這段文字的時候，腦中浮現的是這幾個文字嗎？

其實並非如此。若一開始我們認定將會看到一個「常用句」，那麼在看到文字之前，大腦就會自動啟用「常用句資料庫」，我們真正讀的便是這裡面的文字。

再來，當我們看到「成」、「志」這幾個關鍵字時，我們大腦中的「常用句資料庫」便會對這些文字產生反應，讀出資料庫中的「有志者事竟成」。也就是說，看起來讀到的似乎是外在的資訊，但真正讀到的其實是大腦中本來就有的資訊。如果沒有自覺這樣的概念，想學會速讀可說是遙不可及的幻想。

速讀如何運作？

看到「事者竟志有成」這段文字的同時
也看到存在於大腦「常用句資料庫」中的
「有志者事竟成」這句話，所以才能瞬間看懂

看到「事者竟志有成」的時候，也是因為你本來就知道「有志者事竟成」這句話，才能夠馬上明白它的意思。

如果你從來沒看過這句話，便不可能馬上理解它是什麼。再說，要在一瞬間記下所有文字幾乎不可能。

因此，請先將「由於我們已經累積許多由相關知識形成的資料庫，才能夠一看就懂」這個重點放在心裡。

許多速讀教室會避開資料庫的問題，只強調能夠「瞬間看明白」書中的知識。

接著速讀教室還會說：不只是單字及短文，只要經過速讀訓練，學習並累積許多速讀技巧，較長的文章也能夠在一瞬間理解，進一步可以「看過而非細讀」一整頁文章，以達到速讀的目的。

然而這種說法有個漏洞。若想「只看一眼便明白內容」，需具備與書中內容相關的資料庫，速讀教室卻刻意隱瞞了這個概念。這便是許多對速讀抱有幻想的人，在學習過程遭逢挫折的原因。

這些句子你能瞬間看懂嗎？

1. 產無者心恆無恆

2. 闔之寸制開五之鍵門

3. 吹於虀羹者而懲

若你的「常用句資料庫」中沒這些句子
就無法瞬間明白在講什麼！

1.無恆產者無恆心（出自《孟子．梁惠王上》）
2.五寸之鍵制開闔之門（出自《說苑．談叢》）
3.懲於羹者而吹虀（出自《九章．惜誦》）

◎即使將資訊快速輸入大腦，大腦也不會運作得比較快

雖然聽起來相當令人洩氣，然而這卻是許多速讀教室教授「速讀」的真實面貌。

速讀教室往往會強調：「利用速讀，將大量資訊快速塞進大腦，強迫大腦處理，便能增加大腦的活性，加快大腦運作速度，以理解文章內容」，但說破原理，正是利用資料庫才能辦到這點。

舉例來說，假設有個電腦軟體可以把日語翻譯成英語，或者是將其他語言轉換成日語。即使電腦內CPU處理資訊的效率再高，要是日英辭典或日語辭典的收錄詞彙不夠多，就沒辦法正確又迅速地完成翻譯。

在速讀教室內進行的，其實是計算訓練及論說訓練，類似所謂的「腦內訓練」。

的確，藉由重覆訓練，肯定能更熟悉訓練內容本身，並能得到相對應的成

果。但這樣的訓練是否能與日常生活中的閱讀產生連結，以達到速讀的目的，仍是一大疑問。

和這些計算訓練、論說訓練比起來，資訊、知識等資料庫才是真正影響速讀能力的關鍵。

另外，有些速讀教室會要求學員聽兩倍速或三倍速的聲音，作為速讀訓練的一環。他們認為藉由快速且大量的資訊流入，能夠提高大腦的處理能力，加快大腦的運作速度，進而提升速讀的能力。

我也曾做過這樣的訓練，但我覺得，與其說這能訓練大腦的運作速度，不如說這是資料庫造成的差異。

若用兩倍速來聽，一開始基本上都能夠聽得懂。增加到三倍速、四倍速，或許沒辦法馬上明白在講什麼，但如果一直重複聽，你會發現自己逐漸理解內容。

然而，這只是因為一直重複聽一樣的內容，使資料庫逐漸累積，把內容記在腦海裡而已。

即使能夠聽得懂四倍速的聲音在講什麼，也不表示頭腦的運作速度可以達到原來的四倍。試著用四倍速聽聽看從來沒接觸過的內容，就能明白這個道理。

換句話說，雜學資料庫（知識、資訊、經驗等）累積愈多的人，閱讀的速度愈快。

02 解開對速讀的誤解

◎提升閱讀速度不等於「速讀」

能夠確實理解內容，真正派得上用場的速讀能力，概念可以用下面的公式表示。

速讀能力＝速讀技巧×雜學資料庫（知識、資訊、經驗等）

看到這樣的公式，也許讀者會覺得「看吧，還是得學習速度技巧」。的確，速讀與你以往的閱讀習慣及方法有一定的差異。

大部份人看書的習慣，是從第一個字開始，一字一句將文字在心中默念，邊閱讀邊試著理解文字的意思。而速讀技巧並非單純提升這種閱讀方式的速度，而是要把「速讀」看做另一種截然不同的閱讀方法來學習。

因此，學習速讀的人必須改變自己以往的閱讀方式，試著掌握新閱讀方法的訣竅。

在這樣的前提下，學習速讀技巧是必須的。然而，沒有必要為了這個特別到速讀教室進行視線訓練等特殊課程，在你看書的時候，就會自然而然熟練這些技巧。

接下來我想說明的是，**能夠讓你學會速讀技巧的關鍵，其實還是你的資料庫**。

首先，我會介紹一般速讀教室的訓練方式，並解釋速讀技巧的本質到底是什麼，接著再說明所謂的速讀，指的是什麼樣的閱讀方式。

◎不是眼睛動得快就好

一提到速讀，可能會有很多人聯想到在閱讀的時候「快速移動眼球」的畫面，但這並不是事實。

速讀教室的訓練課程，一開始的確有一項叫做「視點移動訓練」。這項訓練會用到如下頁上半部那樣的講義。

然而，這樣的訓練並不是在訓練眼球的移動速度。正好相反，這是在訓練你在不移動眼球的情況下，能輕而易舉地將■映入眼簾的訓練。事實上，在速讀的時候很少去移動眼球，而是使眼球保持在平靜、安穩的狀態下。

一開始沒有必要強迫自己看得很快，只要緩慢、慎重地看過即可。不應為了想看到所有的■，一直把臉貼近紙張用力的看，而是要在放鬆的狀態下，像是在發呆一樣讓■自然而然映入眼簾。

請試著回想看看，當你踏進拉麵店等餐廳，往牆上的菜單或手上的菜單看

視點移動訓練與符號閱讀訓練講義

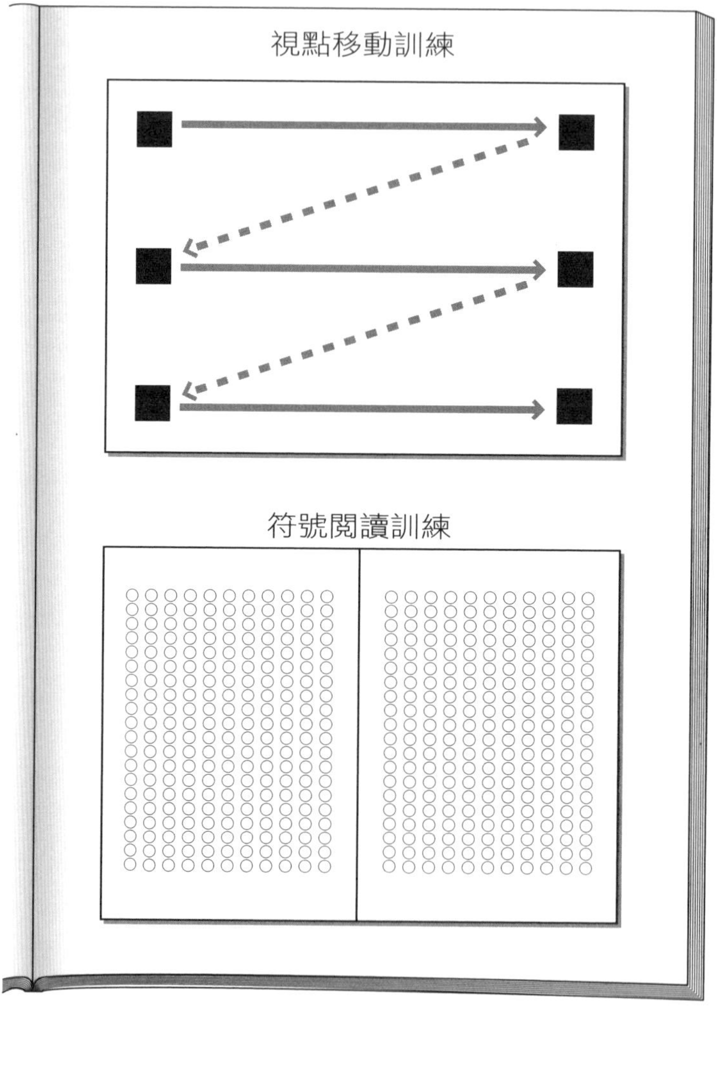

過去的情形，又或者是在超市裡，邊想者「今天晚餐要煮什麼好呢」邊看向整個賣場的樣子。

這個時候，我們並非一字一句地仔細閱讀寫在上面的文字，而是概括性的讓視線掃過去。此時即使不將看到的文字轉換成聲音，也會自然而然在腦中浮現出文字的意義，我們需要的就是這種狀態。

保持視野的遼闊，在放鬆的狀態下讓視線自然遊走。從結果看來，雖然沒有刻意快速移動眼球，卻更能快速得到我們想要的資訊。

◎並非要你看一眼就讀完一整頁

這種視點移動訓練，是希望讀者能夠在放鬆的狀態下，保持遼闊的視野。雖說是要保持遼闊視野，但並不是要讀者一目十行、或是掃一眼就看完整頁文章。

一提到速讀，也許有些人會想到的畫面是讀者快速翻動頁面，以一頁為單

視野擴大訓練講義

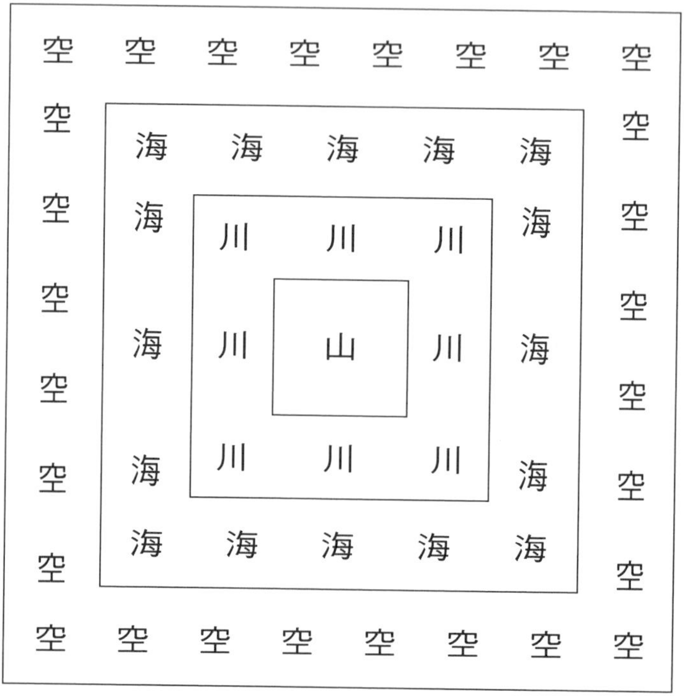

即使真的把中心視野擴大，對速讀也沒什麼幫助

位啪啦啪啦的迅速翻閱書本。

不過，眼睛看得到的視野並不會因為訓練而變得更加遼闊。的確，速讀教室有「視角擴大訓練」等課程。右頁的圖是這類課程會用到的講義，他們認為利用這種講義進行訓練，就能夠擴大視野，眼睛一次能看得到的文字量也會增加。

人類的視野可以分成「中心視野」以及「周圍視野」兩種。讀者能夠清楚地辨認在「中心視野」內的文字。另一方面，讀者雖然知道「周圍視野」，也就是「中心視野」周圍區域寫著某些文字，但卻無法辨認這些文字是什麼意思。

譬如說，以你目前正在看的文字為例。當你把視線焦點放在「目前正在看的文字」這段話上的時候，約能清楚辨認十個文字左右，這就是所謂的中心視野。然而，若想知道周圍又寫了些什麼文字，不把焦點移到別處是看不出來的，這就是所謂的周圍視野。

「視角擴大訓練」以及「視野擴大訓練」，是為了將周圍視野轉換成中心視野的訓練，但由我的經驗來看，轉換成中心視野的效率很差，而且對速讀能力沒什麼幫助。

比起一直想著要將周圍視野納入中心視野，更重要的是，要在閱讀時保持輕鬆的狀態，不去在意看到的是中心視野還是周圍視野，而是要維持視野的廣度，與進行「視點移動訓練」時類似。熟練之後，還能利用周圍視野，抱著「躍躍欲試」的心情閱讀下去。

「躍躍欲試」的心情具體來說是什麼呢？就是在看某一行文字的時候，同時利用周圍視野預先捕捉下一行的文字，使視線能夠更為流暢地轉移到下一行。

要做到這個程度，必須保持在輕鬆的狀態。當你專注於眼前的文字，也得為接下來做好準備，意識到待會該做些什麼。換句話說，若你能在工作時保持同樣的狀態，對工作效率肯定有加分的效果，會比在緊繃又急躁的狀態下更快完成工作。

◎戒掉將文字轉換成聲音的習慣

就像前面所說，速讀可說是一種「在輕鬆的狀態下看書，並保持寬廣視野」的閱讀方式。這就像是在拉麵店裡往牆上的價目表一眼望過去，或是在超市裡瀏覽各項商品的標價一樣，每個人都做得到。

這樣不就能馬上學會速讀了嗎？

可惜的是，事情沒那麼簡單。當讀者想試著讀得快一點，能夠維持「在輕鬆的狀態下看書，並保持寬廣視野」的人，就愈來愈少。

相反的，讀者反而會陷入「再努力一點、緊繃一點、把視野集中在狹小的區域內閱讀」的狀態。

這是因為一般讀者長年以來不知不覺養成了一種習慣，那就是「將文字轉換成聲音的習慣（念出聲音，或者是默念的習慣）」。

剛才那一瞬間，你是否表現出這個習慣呢？

你有沒有在心中默念著「剛、才、那、一、瞬、間、你、是、否、表、現、出、這、個、習、慣、呢」？

接下來，請試著不要把文字轉換成語音，看看下面的句子。

「剛才那一瞬間，你是否表現出這個習慣了呢？」

即使不把它轉換成語音，應該也能立刻抓到這個句子的意思。

另外，這裡並不是要求讀者腦中完全不能出現任何聲音，只是要讀者別想著要把文字轉換成聲音。這麼一來，聲音不會完全消失，而會迴繞在大腦的某處。

由以上可知，我們有的時候可以在不轉換成聲音的情況下，掌握到句子的意思，不過在閱讀書籍或其他長篇文章的時候，可能會在不知不覺中又跑出

「轉換成聲音再讀出來」這個習慣。

當我們的大腦想把文字轉換成聲音時，會下意識地一字一字讀過句子，視野會變得較狹小。而且，轉換成聲音需要時間，眼球移動的速度也會變慢。

若想在輕鬆的狀態下看書，並保持寬廣視野，就必須戒掉「轉換成聲音再讀出來」這個習慣。

因此，許多速讀教室會利用整本寫滿○或□的書，就像本書第40頁的下半部那樣，來進行「符號閱讀訓練」。利用本身不具意義的符號，讓讀者養成「閱讀時不轉換成聲音」的習慣。

雖說全都是符號，但若以書籍的形式將符號排列整齊，剛開始讀者還是會不自覺地用以前看書的習慣閱讀。然而，不會有人一個一個把「圓形」、「四方形」都念出來，所以這種方式可以用來養成讀者「閱讀時不轉換成聲音」的習慣。

◎因為「想明白內容」所以才讀得慢

使用○或□等符號練習過後，接下來用的是寫滿「阿」或「伊」這種沒有意義文字的書，更進一步訓練「閱讀時不轉換成聲音」。

雖然這些文字沒什麼意義，但讀者以往的閱讀習慣會在這個訓練過程中漸漸顯露出來，不自覺的喃喃念出文字。這個訓練便是要讀者戒掉這樣的習慣，以達到「閱讀時不轉換成聲音」的目的。

最後便是要拿內容有實際意義的書籍來訓練「閱讀」。

經過○或□，以及無意義文字的訓練，讀者逐漸習慣之後，就能夠抓到「閱讀時不轉換成聲音」的感覺，但在這之後又會碰上一個大難關。有個閱讀習慣會造成速讀的障礙，這個習慣就是：

●「想要明白」書中所寫的內容

剛才的一瞬間，你是不是也在不自覺中表現出這個習慣呢？

當看到內容有意義（或者看起來有意義）的文章，我們會自然而然的去思考文章內容是什麼意思。這麼一來，就會多花一些專注力在不容易懂的地方，使視野變狹小。而且為了瞭解文章的意義，會在閱讀的過程中把文字轉換成聲音。

閱讀書籍的目的是要「瞭解」內容，因此「想要明白」內容在說什麼是很正常的事。也許你會覺得「這也沒辦法」，**但事實上，速讀就是要拋棄「想要明白內容」這個想法。**

某些速讀教室會建議學生在閱讀的同時，喃喃念著「原來如此、原來如此」，像在念咒語一樣。還有速讀教室會重覆提醒學生要「保持心情平靜」、「自然而然集中精神」。因為心情平靜時，眼中只有書內文字，被動接受內容，就能達到「閱讀時不求明白內容」的狀態。

若能放下「想明白內容」這個念頭，再多的文字，在你的眼中也和○與□

等符號相同，可以「不轉換成聲音」就看過去。換句話說，心態放輕鬆，並保持遼闊視野，等於學會速讀。

在讀書的時候，我們並不是只單純地看寫在書上的文字，而是要去理解書中內容的意義，所以無法「閱讀時不求明白內容」，這或許就是許多學習速讀的人抓不到訣竅的原因。

事實上，這便是速讀與以往閱讀方法最大的不同，也是速讀理論及其應用的關鍵。「閱讀時不求明白內容」的概念，可說是速讀技巧的核心，也是速讀的目標。如果解釋成「閱讀時不求甚解」，相信各位會比較容易理解。

◎速讀與一般讀書方法不同

目前為止，我們介紹許多速讀教室的訓練方式，並說明一些速讀的技巧。所謂的速讀，就是在放鬆的狀態下，保持遼闊視野的閱讀方式。因此要利用「閱讀時不轉換成聲音」、「閱讀時不求甚解」等速讀技巧進行閱讀。

「這種讀法能真正瞭解書中內容嗎？」也許有些人會抱有疑惑，但只要與所讀書籍相關的知識、資訊、經驗等資料庫足夠，便能確實理解內容。不過，速讀的理解、明白等，給讀者的感受與以往的閱讀方式有些不同。

也許有人會覺得「不把句子念出來，就沒有看書的感覺」，但其實在理解、明白等感受上，速讀與以往的閱讀方式有一定的差異。速讀並不是以往閱讀方式的延伸，也不是單純把速度加快，而是在本質上就與以往閱讀方式不同。

我並不是想說哪種閱讀方式比較好、哪種比較差、或者是哪種比較膚淺、哪種比較有深度。如果我們把討論主題從「閱讀」換成「聆聽」，也許會容易理解得多。

- 聆聽他人說話時，一一確認每句話每個字的意思，並對照前後有無邏輯上的矛盾。
- 聆聽他人說話時，不去在意話中的細節，而是試著瞭解對方說話時的感覺，先把整段話聽完再說。

你認為哪種聆聽法比較好呢？

當然，這會視情況有所不同。再說，聆聽他人說話時，通常會併用這兩種方法。因此聆聽並沒有分哪種比較好、比較差、比較膚淺、比較有深度。

第一種聆聽方法，可以釐清所有句子、語詞的意義，不會發生誤解的情形。不過，聆聽的人過於注重細節，可能會面臨「見樹不見林」的窘境，忽略對話真正的重點。

第二種則是站在對方的立場聆聽，能透徹瞭解對方的主張，但可能會忽略邏輯上的矛盾，且無法從批判的角度評論。

若從花費的時間來看，第一種聆聽法需一一確認每個字、每句話的意思，還得確認邏輯有無矛盾，會比第二種聆聽法還要花時間。

速讀的閱讀方式較接近第二種聆聽法，而我們所熟知的閱讀方式則與第一種聆聽法較為相似。這可作為瞭解速讀概念的參考。

用「聆聽」來比喻「閱讀」

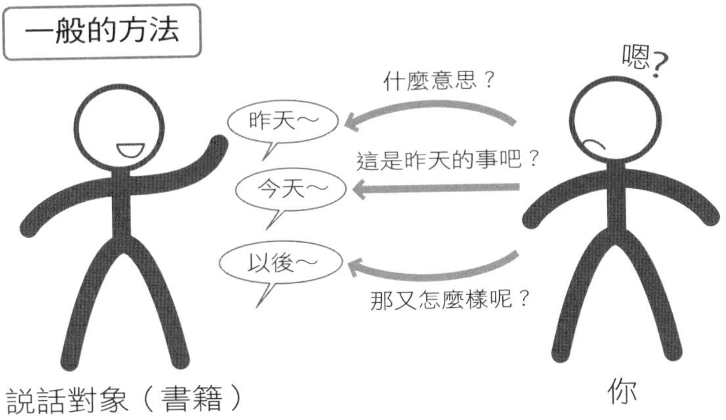

要一一確認每個字每句話的意思，以及上下文之間的關聯性，因此聆聽（閱讀）所需的時間很長。

無論是否明白內容，先聽完（讀完）一次再說，因此不會花太多時間去思考！

速讀教室做的，就是讓學員進行各種訓練，將用以往的方法讀書時所養成的習慣一一排除，幫助學員與新的讀書方法無縫接軌，以達到學習速讀的目的。

那麼，接下來的章節，就請讀者來實際體驗看看速讀。

03 訓練速讀技巧可放在第二順位

◎「擬似速讀訓練」馬上體驗速讀

請從這本書，或者是任何一本你想看的書中，挑選一個段落，先試著讀過一次。用以往的方式讀就可以。

讀過第一次之後，請試著再讀一次。沒意外，你是否有發現第二次讀起來比第一次順很多呢？說不定第二次讀的時候，就能自然而然「不轉換成聲音」或「不求甚解」，像這樣看過一部分內容。

不妨再試著讀一次。這次請你一邊讀，一邊想著要「閱讀時不轉換成聲音」以及「閱讀時不求甚解」。和前一次比起來是不是讀得更流暢呢？

對排列在眼前的文字有股熟悉感，內容也瞭解得相當透徹，可說是早已印在腦海中，所以可能會產生「這些東西我早就知道」的感覺，很快的看完文章內容。而且，即使沒將內容轉換成聲音、沒抱著「想明白內容」的念頭，也能確實理解文章的意義。

剛才，你把同樣的內容讀第三遍的感覺、以及你當時使用的看書方法，就是所謂的速讀。

也許你會覺得「咦？這樣就學會速讀了嗎？」

但實際上你的確做到了。

我們剛才進行的測試，就是速讀教室中，「擬似速讀訓練」的訓練方式。重覆閱讀好幾遍同樣的段落，就能漸漸體會到速讀的感覺，因此常被用來訓練學生習慣速讀的狀態。

目前為止我們提到的要訣包括：不要有「想明白內容」的念頭，放鬆心情，保持遼闊的視野。即使沒經過特殊的訓練，只要重覆閱讀同樣的文章，也能夠學習到這樣的速讀技巧。

在讀第一次、第二次的時候，你會在不知不覺中累積文章內的知識、資訊，以及讀過這篇文章的經驗。換句話說，你累積了關於這篇文章的「資料庫」。

只要有這些「資料庫」，就能夠自然而然發揮速讀的效果。因為看書、讀書等動作，看起來像是用「眼睛」去看，但事實上是用「大腦」在看。

還記得「事者竟志有成」這個例子嗎？

人們並不是在腦袋一片空白的情形下觀看或閱讀文字，而是一邊參考腦中既有的資料庫，一邊推測文字的內容，一邊回想對這些文字原本的印象，一邊觀看及閱讀。

◎打破你的「速讀幻想」

為了能順利發揮「閱讀時不轉換成聲音」、「閱讀時不求甚解」等速讀技巧，讀者腦中的資料庫是關鍵角色。但是，大多數的速讀課程，只把學習速讀的重點放在速讀技巧本身，反而是繞大遠路。

的確，速讀教室的課程，目的在於教會學生速讀的技巧，因此無可避免會把教學的重點放在速讀技巧上。

但是，灌輸學生「若提高閱讀速度，便能開發大腦的潛在能力」、「只要快速看過，便能在潛意識中留下印象」這樣的想法，使學生產生誤解，以為「學會速讀技巧，就能速讀任何一本書籍」，這就過於誇大。

若忽視資料庫的重要性，而一味的鑽研速讀的技巧，將會得到「這種閱讀方式無法理解內容」的結論，使學習速讀的人感到挫折，因此也有人批評「速讀是一種很表面的閱讀方式」。

如同剛才所介紹，重覆閱讀同一個段落以習慣速讀時的狀態，這在速讀課程中稱作「擬似閱讀訓練」。

然而，我卻不認為這是「擬似」，也不是「訓練」。事實上，這正是速讀的本質。因為這個過程就是在累積速讀時必要的資料庫，並利用這些資料庫來有效發揮速讀技巧。

◎如何快速閱讀困難的文字

在「前言」我有提到，速讀教科書中的「速度變成十倍」、「十分鐘一本書」、「一晚五本書」等說詞是真的，也不完全是真的。

在閱讀一般人熟知的童話故事，或是使用淺白文字書寫的文章時，若善用閱讀技巧，會比以往從頭到尾一字一句默念的閱讀方式還要快上許多，而且對內容的理解能力也能維持在一定水準。

此外，速讀教室在測試學生的讀書速度時，通常會用同樣的文章進行測

技巧沒辦法讓你學會速讀

再怎麼訓練速讀技巧
書籍的難易度也不會改變
閱讀速度更不會因而提升

試。因為學生讀過許多次相同的文章，已經累積許多與內容相關的資料庫，便能提高閱讀的速度。

然而，在現實生活中閱讀，很少人會覺得自己真的「學會速讀」。一般人會覺得讀得快就無法理解內容，想理解內容就讀不快。

這是因為我們在讀的書，大多是自己原本不知道的內容。腦中幾乎沒有與這些內容相關的資料庫，因此無法達到「只是看過便能理解」的境界。

上過速讀課程的人當中，的確有些人能夠實際感受到「讀書速度明顯提升」，然而，他們幾乎都是閱讀過大量書籍的人。

以往的閱讀經驗為他們累積了大量的資料庫，只要再配合速讀技巧，便能夠顯著提升閱讀速度，且對內容的理解能力也維持在一定水準。

但是，若沒有足夠的資料庫便什麼也辦不到。不曾接觸過的知識，絕不可能看過一眼就馬上明白。

「那學速讀做什麼，我不能接受……」或許你會開始這樣想，但是速讀教室提供的「速讀」，本質上就是這樣的東西。**甚至有的速讀教室會直接開門見**

山地說「速讀可應用在內容熟悉的書籍，但無法應用在內容陌生的書籍」。

對大多數的人來說，我們是為了接觸新的資訊，敞開知識的大門，才來閱讀書籍。而我們在聽說這種閱讀方式可以提高閱讀的速度後，抱著期待來學習速讀，卻得到「速讀無法應用在內容陌生的書籍」這樣的結論，這不是有點前後矛盾嗎？

這就是對「速讀」的期待，與真實情況之間巨大的差別。

◎資料庫是學習速讀技術的關鍵

速讀的必要條件包含速讀技巧以及資料庫。

速讀能力＝速讀技巧×雜學資料庫（知識、資訊、經驗等）

所謂的速讀技巧，指的就是「閱讀時不轉換成聲音」、「閱讀時不求甚解」等能力。大多數的速讀教室會藉由各種不同的訓練，讓學生學會這些技巧。這些技巧確實有效果，我並不否定這些訓練的意義。

然而，資料庫才是速讀不可或缺的要素，以往累積的資料庫愈多，愈容易發揮所學到的速讀技巧。換句話說，隨著資料庫累積得愈來愈多，速讀技巧也會漸漸跟著提升。

因此，在許多速讀教室的訓練課程中，相較於把重點放在速讀技巧的訓練，**把重點放在資料庫的訓練，能更有效率地提升速讀能力。**

日本明治大學教授齋藤孝，在「閱讀」這項領域中寫了許多著作，他曾說過：「人們並非靠『智力』閱讀，而是靠著以往累積的閱讀量來閱讀」。

與其花大錢到速讀教室接受各式各樣的速讀訓練，企圖提升自己的速讀技巧，不如先別管這些技巧，「多閱讀」以增加資料庫的累積量，才是比較好的作法。

因此，請各位別只想著訓練速讀技巧，而是應該大量閱讀書籍、累積資料庫。如此一來，自然能漸漸發揮速讀技巧的效果。

◎速讀法創始者的訓練

在日本流傳的速讀法，依源頭可分為歐美傳入以及韓國傳入。一般認為韓國速讀法的創始人，是一位叫做朴鏵熚的韓國人。

這位朴先生所做的，只是單純的「多閱讀」而已。

雖然聽起來有點簡單，但這就是創造出速讀方法的人所使用的訓練方式。

在佐佐木豊文的著作，《速讀的科學》一書中，這樣描述朴先生剛開始挑戰速讀的情形：

「這種閱讀方式（也就是速讀），並非以理解內容為目的，而是用鉛筆或手指劃過文字，快速地把內容看過去。大約三四個月後，便能漸漸發現這種閱讀方式的效果——我的閱讀速度明顯提升。於是我試著向圖書館借閱很厚的英文書，用同樣的方法閱讀，不去在意是否理解內容，而是單純追逐文字，想在一年中讀五百本書。那時我並不期待閱讀之後能夠馬上理解內容，就這樣一直持續了一年左右。在我大約讀三千本書的時候，我已能夠在一天之內看完從地板堆到我的腰際高度的書籍。」

你發現了嗎？創造速讀法的朴先生所使用的速讀訓練，其實只是「多閱讀」而已。

首先請你打消「想明白內容」的想法，徹底做到「不求甚解」，將理解內容的優先順序往後移，專心追逐文字，一鼓作氣的大量閱讀書籍。

剛開始的一年，雖然無法完全理解看過的內容，但在這段期間能夠快速累積大量的知識，也就是累積大量資料庫。而且，藉著逐漸累積的資料庫，讓讀者能在閱讀時即使不刻意去思考，也能在不知不覺中理解內容，使閱讀的速度大幅提升。

的確，朴先生一開始需要用到「閱讀時不求甚解」這個速讀技巧，但若想實際理解書籍內容，達到速讀的目的，仍有必要閱讀大量的書籍以累積資料庫。

然而，不知從何時開始，「閱讀時不求甚解」這樣的速讀技巧，成了當今「速讀」的唯一注重的地方。「為了累積資料庫需要多閱讀」這件事的重要性被忽略，使「速讀訓練」成了「速讀技巧訓練」。

簡單來說，若依照朴先生的做法，即使是沒經過速讀訓練的初學者，只要在一開始把「想明白內容」這個念頭拋到一邊，先一股腦地閱讀，累積大量的資料庫，便能夠自然而然學會速讀技巧，進一步達到「速讀同時理解內容」的境界。

◎資料庫不足的人該如何學習速讀

事實上，在大學內做研究的學者、評論家等，閱讀是他們的工作之一，他們的閱讀量遠勝一般人。而且，不管有沒有受過閱讀訓練，他們閱讀的速度都相當迅速。

企業的經營者中，也有許多經常閱讀書籍的人。他們累積許多實務經驗、讀過的著作也相當豐富，所以他們的閱讀速度通常比一般人快上許多。

那麼，若你沒有大量閱讀的經驗、沒有足夠的資料庫當作基礎，在學習速讀的一開始該怎麼做呢？難道應該像朴先生一樣，在一開始時完全不去理解內容，只是一股腦追逐文字，把數百本書一口氣看完？

朴先生的作法並不是不好，只是，不曉得內容在講些什麼，卻想一口氣讀完數百本書籍，對我來說實在難以想像，而且我也不覺得所有人都能夠做到。

那麼，只能用以往的閱讀方法，腳踏實地慢慢讀下去嗎？

也並非如此。只要老實地面對「資料庫是速讀的重要元素」這點，善加活用這個概念，就能達到速讀的目標。

就像之前所說，若你想讀一本書，而且你擁有與這本書的內容相關的資料庫，那麼即使不經過特殊的訓練，也能速讀這本書。能自然而然應用「閱讀時不轉換成聲音」、「閱讀時不求甚解」這些速讀技巧，迅速看完這本書，並能確實理解書中內容。

即使現在還不具備與這本書內容相關的資料庫，只要想辦法快速並有效率的累積資料庫就好。

不過，這需要藉由「哥倫布的蛋*」這般大膽創新的想法，轉換成實際的行動。

那麼，到底該如何實際行動呢？

下一章，我們將介紹一種方法，即使你不具備與書籍內容相關的資料庫，也能達到速讀目的。這種方法叫做高速大量循環「雪球速讀法」。

---

*有人批評「發現新大陸」這件事誰都辦得到，哥倫布只不過剛好是第一個這麼做的人而已，不值得擁有這麼大的名聲。哥倫布請批評者試著把雞蛋立起來，他們卻怎麼樣也立不好，於是哥倫布輕敲蛋的底部，輕鬆立起雞蛋。比喻即使是任何人都辦得到的事，要當第一個找到成功方法的人卻沒那麼容易。

第 2 章

「雪球速讀法」現場解密！

04 用「高速大量循環技巧」進行速讀

◎克服傳統速讀法的缺點！

如第一章所述，能否學會速讀取決於兩個要素，分別是速讀技巧以及資料庫的累積量。公式如下：

速讀能力＝速讀技巧×雜學資料庫（知識、資訊、經驗等）

然而，傳統的速讀方法，只把重點放在速讀技巧的提升，資料庫的重要性一直不被重視。因此以往的速讀法有以下缺點：

●為了學習速讀技巧接受各式各樣的訓練，因而花費大量的時間及金錢

●必須具備與「想讀的書」相關的資料庫，才能理解書中內容，若不具備資料庫則無法理解

若要克服這兩項缺點，要將重點放在資料庫上，有效率的累積資料庫。

◎如何有效率地累積資料庫

那麼，若你需要大量與「你現在想讀的書籍」相關的資料，在哪裡才能找到最豐富的資料庫呢？

沒錯，就是要從你現在想讀的書籍本身著手。換句話說，若想累積這本書相關的資料庫，最好的辦法就是讀這本書。但仔細想想，要「讀這本書」的原因是要「速讀這本書」。這不就落入「先有雞還是先有蛋」的圈套裡了嗎？

因此我們需要創新且大膽的想法，來改變我們的觀念。

也就是說，要從「只讀一遍」改成「重覆閱讀」。重覆閱讀同一本書，逐漸累積與這本書相關的資料庫，再利用這些資料庫來進行速讀。

因為要重覆閱讀許多次，所以第一次讀的時候不需要完全理解內容。不執著於內容的意義，「閱讀時不轉換成聲音」、「閱讀時不求甚解」，利用這些以往常被使用的速讀技巧，從目錄、標題、前言、後記等部分開始，將範圍縮小到一定程度，先一口氣把書看完。

如此一來，便累積了一些些關於這本書的資料庫。譬如說作者的主張、這本書是由哪些章節組成、常出現哪些關鍵的字詞或句子、對現在的你來說，能理解這本書的內容到什麼程度等等，這些重點都可以在這時明瞭。

首先很快的用眼睛掃過，抓住這本書的特徵，便能逐漸累積關於這本書的知識和資訊等資料庫，下次讀這本書的時候，就能比第一次讀的速度快上許多。

持續重覆操作這個步驟，逐漸累積資料庫，便能將閱讀的範圍及對象逐漸

先讀再說，逐漸累積這本書的資料庫

第一次讀 可以明白這本書的大致結構與關鍵字詞，這將成為讀者的資料庫（知識、資訊）

第二次讀 因為第一次閱讀時有累積一些資料庫，所以閱讀速度會變快

第三次讀 逐漸累積的資料庫使閱讀速度更為提升，便能逐一理解較深入詳細的內容

增加，達到速讀整本書的目的。

這種想法看起來似乎太過單純，以致有些人可能會覺得「咦？就這樣嗎？」但其實很多人想不到要用這樣的方法。

這麼單純的方法為什麼許多人想不到呢？是因為當人們「想要速讀」的時候，自然而然會想要「用各種方法一次就把它讀完」。

的確，比起重覆讀好幾次的策略，一次就能讀完整本書，感覺花費的時間應該能少很多。但若掉入這個陷阱，就不會想到「重覆閱讀」可以提升閱讀速度。

以往的速讀法，其實同樣掉入「應該要一次就把書讀完」這個陷阱。

第一章中曾介紹過擬似閱讀訓練：「重覆閱讀同一本書，就能體會到速讀的感覺」，但對學速讀的人來說，這種方式再怎麼說也只能算是「擬似」的速讀。

因此，很少有人想到要用重覆閱讀的方式來速讀。

請不要想「什麼啊，只是單純重覆閱讀而已嗎……」，也不用擔心「這樣不就比以往花更多時間在讀書上？」

雖然我說要重覆閱讀，但其實要重覆讀的只有目錄、前言和後記，只要邊看邊跳著讀那些標題和關鍵字，用你覺得能輕鬆讀過的方式閱讀就可以。總之只要一頁一頁翻過，大致看上一遍就會有效果。

這些一點一滴累積起來的資料庫，再加上「某樣東西」之後，就能成為相當強大的力量。

◎速讀的複利效果

這裡說的「某樣東西」，指的就是複利。

在資產管理的領域中常見到這個詞，將錢存在銀行、向別人借錢的時候，把本金所產生的利息與本期的本金合併，成為下一期的本金，就是所謂的複利模式。利息併入本金之後，下一期會產生利息的利息，再下一期又會產生利息的利息的利息。隨著期數的增加，利息也會逐漸增加。

據說，提出相對論的愛因斯坦博士曾說過，這種複利模式是「宇宙中最強大的力量」，因此複利的力量不容小覷。

在日本有個與複利有關的故事，主角是豐臣秀吉以及他的家臣——曾呂利新左衛門。某一天，秀吉對新左衛門說：「你想要什麼獎賞呢？」於是新左衛門這麼回答：「我希望你能在第一天給我一粒米；第二天加倍，也就是兩粒米；第三天再加倍，也就是四粒米；就這樣每過一天加倍一次，持續到第一百天。」

秀吉覺得這應該不算什麼，就答應了這項要求。但隨著日子一天天過去，米的數量突然變得相當龐大，於是秀吉趕緊道歉，並提出希望能改為其他的獎賞。

試著實際計算看看，第十天得到的米只有約一個碗的份量，不過第二十二天就能得到約一個米袋的份量，到第四十三天便成長到三百萬個米袋。到第一百天，米的數量已經飆升到根本付不起的天文數字。在速讀的世界中，也是靠這種複利的力量運作。

不管用什麼樣的閱讀方式，只要讀過一次，與這本書相關的資料庫就會累積在自己的大腦中。下次讀的時候，會把新得到的資料庫與第一次閱讀時得到的資料庫相加，使累積的資料庫變得更多。

雖然資料庫並不會無限地增加下去，但這種由資料庫產生資料庫的複利效果仍然值得期待。

◎不要執著於看不懂的地方

毫無疑問的，在閱讀速度上也看得到複利效果。資料庫增加之後閱讀速度會跟著提升，閱讀速度提升後，你在一段時間內能讀的次數也會增加。

所以，一旦開始重覆閱讀一本書，閱讀速度就會逐漸變快，讀起來更為輕鬆。

請回想一下，在做雪人時該如何滾出一顆大雪球來當作雪人的身體呢？

請把累積資料庫的過程想成滾雪球的樣子。滾動雪球的時候，地上的雪藉著重力的擠壓，一點一點黏到雪球上，於是雪球便愈滾愈大。

不過隨著雪球愈來愈大，滾動雪球會逐漸變得困難，滾動速度也會變慢。但是，在進行速讀時，請想像自己是從高處往低處滾雪球，雪球（資料庫）滾得愈大，滾的速度反而會愈快，使一段時間內能滾動的次數變得更多，且在重力加速度的加持下愈來愈快。

為了突顯這種複利的力量，除了每次累積的資料庫量要逐漸增加以外（提高利息的數量），還要想辦法讓每次滾動所花的時間愈來愈少，換句話說，就是讓固定時間內的滾動次數增加。

即使不明白內容在講什麼也沒關係，先一口氣把目錄和標題看完，便能累積與這本書相關的資料庫。

在下一圈的滾動時，這些資料庫將會讓你的閱讀速度有所提升。

而且，下一圈滾動又會再添上新的資料庫。因此，你的大腦所累積的資料庫會愈來愈多，使每個下一圈的滾動都比前一圈的速度還要快，就這樣一直循環下去。

大量循環的閱讀方法的意義

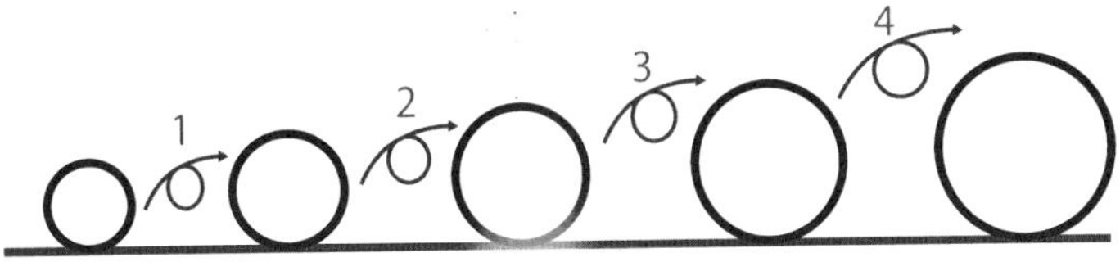

滾雪球會愈滾愈大，
重覆閱讀，資料庫就會逐漸增加

↓

雪球愈來愈大，
滾動的速度會跟著變慢，
但速讀則相反，會愈讀愈快

①快速讀過之後，可以累積一些資料庫
②累積一些資料庫之後，使閱讀速度提升
③閱讀速度提升後，累積資料庫的效率也跟著提升

由這樣的複利效果，便可使資料庫一直增加，同時閱讀速度也跟著提升，而且增加的速度愈來愈快。

◎任何人都能馬上學會

只要照著剛才所介紹的方法，重覆利用閱讀的複利效果，有效率地累積資料庫，任何人都能速讀任何一本書。這就是我所提倡的高速大量循環「雪球速讀法」。

如其名稱所示，這就像滾雪球一樣，是「高速」且「大量循環」的閱讀方

式。

所謂的「高速」，需要用到「閱讀時不轉換成聲音」、「閱讀時不求甚解」等速讀技巧來達成，不過除此之外還有幾個重點。

曾在速讀教室受過訓練的人，只要善加利用速讀技巧，就能快速閱讀。但如同前文所言，若你缺乏資料庫，即使想利用這些速讀技巧，得到的效果也相當有限，經常會無法充分理解內容在講什麼。

重點在於，你有辦法累積多少與你想讀的書相關的資料庫。因此，應該要想盡辦法用最有效率的方式累積資料庫。

為了達到累積資料庫的目的，不只要「高速」閱讀，還要「大量循環」，一開始先將閱讀對象縮小到一定範圍，再慢慢地擴大。具體而言，可照著以下的方式縮小範圍。

①將閱讀範圍限制在目錄、前言、後記，也就是書籍濃縮而成的精華部分

②將閱讀對象限縮至標題、關鍵字，可以跳著看

像這樣從實質層面將範圍與對象縮小，不管你會不會速讀技巧、所擁有的資料庫是否豐富，任何人都能夠利用雪球速讀法，「高速」且「大量循環」的閱讀書籍。

依照這種方式閱讀，就能累積資料庫，接著再逐漸擴大閱讀範圍和主題。

◎重覆閱讀，可使閱讀速度變得更快

當然，若照這種方式閱讀，卻只讀一遍就結束，那就沒有效果。因此要「重覆閱讀」且「大量循環」。

即使只有讀目錄或關鍵字，也能累積一些資料庫，若能馬上利用這些資料庫，「快速」的再讀一遍，便能漸漸擴大閱讀的範圍、增加閱讀的目標對象，最後便能完整理解書中內容，達到速讀的目的。

總之不要停下來，快速循環閱讀，增加閱讀的次數。

「總覺得『大量』這詞聽起來很麻煩！」

許多人會有這樣的想法，但我們不是要你重覆的「精讀」。的確，用以往的閱讀方式來讀書，若要你「讀」十遍，聽起來就很累。但如果將它想成是「看」十遍呢？

舉例來說，若將閱讀的範圍縮小到只看標題，那麼到翻開下一頁前，所花費的時間只要幾秒就足夠。在閱讀的時候只要保持著這樣的思考方式，輕鬆的滾動手上的雪球，就能「高速」閱讀，最後達到大量循環的目的。並藉由重覆閱讀的動作，逐漸深入其他較為瑣碎的內容。

親自體驗一下，相信就能明白，和以往的閱讀方式（仔細地從頭到尾精讀一遍）比起來，隨興的「看過」十遍反而看得更快，而且對內容的理解也比較深入。

一開始，用「大略看過去」的感覺閱讀即可。雖然這種閱讀方式相當隨性，最後卻能在大量循環的閱讀次數中，快速且有效率地累積資料庫。

而且，「閱讀時不轉換成聲音」、「閱讀時不求甚解」等速讀技巧也能順利發揮效果，讓讀者在速讀的同時，也能理解內容的意義。

◎雪球速讀法誕生的契機

不管有沒有經過速讀技巧的訓練，都能夠順利運用高速大量循環的雪球速讀法（有學過速讀技巧最好，即使沒學過也不成問題）。

而且，即使不具備與想讀的書相關的資料庫也沒關係。只要像預習一樣，重覆閱讀書本，便能有效累積資料庫。這是任何人都辦得到的速讀方法。

累積足夠的資料庫，便能運用速讀技巧閱讀，使速讀技巧發揮該有的效果，讓速讀能力達到最大值。

速讀能力＝速讀技巧×雜學資料庫（知識、資訊、經驗等）

速讀能力是速讀技巧與資料庫相乘而得。而且，只要累積足夠的資料庫，便能順利發揮速讀技巧的威力，進而促使速讀能力達到巔峰。

不論要速讀哪本書，高速大量循環的雪球速讀法，都不會發生無法理解內容的情形。因此，實務上，真正能派上用場的就只有這種速讀法。

雪球速讀法的誕生，其實是我在體驗過各種速讀法之後，希望能創造出一種「不需要速讀訓練的學習法」，才催生出這種方法。

中間的過程，我寫在二〇〇七年出版的《速讀學習法》（PHP文庫）一書中，簡單來說，我在實際練習速讀的時候發現兩個原則，這兩個原則便成為了雪球速讀法的基石。

第一原則「讀得快，更容易理解內容」

第二原則「第二次讀的時候，會比第一次讀得更快」

那麼，從下一節開始，我將具體說明速讀的這兩大原則。

05

雪球速讀法的兩大原則

◎第一原則：「讀得快，更容易理解內容」

當我向別人提到我會速讀的時候，他們常會說出這樣的疑問：「讀那麼快，真的有辦法理解內容在講什麼嗎？」

我都會回答：「當然可以理解書中內容囉！」並反問他們，大約要花多少時間來讀一本書。得到的答案大多是「要花一個禮拜」、「大約要一個月」之類。

聽到他們的答案，我卻覺得「要是讀得那麼慢，反而沒辦法理解內容吧」。而這個想法讓我歸納出第一原則。

若花一個禮拜慢慢讀一本書，讀到後面，就會逐漸忘記書的一開始寫了些什麼內容，反而不容易掌握到這本書的整體架構。

為了掌握這本書的整體架構以及文字脈絡，即使不明白內容在講些什麼，也該不顧一切先把整本書先讀完。

打個比方來說，請試著回想這樣的經驗。你去參加一個派對，想加入某個小團體之間的對話，你會怎麼做呢？一開始，你並不曉得他們在講些什麼，是不是覺得他們講的東西好像左耳進右耳出？

這種時候，即使不明白內容，也要把他們的對話持續聽下去，直到察覺到「啊，原來你們在講這件事」，一下子便明白他們在講什麼，才有辦法加入他們的對話。

讀書的時候也是一樣，與其執著在看不懂的部分，重覆看上許多遍，不如先一口氣讀下去，以明白整本書的架構，才能更快的掌握到這本書的主旨。換句話說，速讀並不只是「讀得快而且看得懂內容在講什麼」，而是「正因為讀得快，才能看得懂內容在講什麼」。

相反的，大多數的人有著「慢慢讀才看得懂內容」的成見。要是碰到看不懂的部分，就會一直卡關，想盡辦法把那個部分讀懂。

雖然許多人覺得「速讀」是「膚淺的閱讀方法」；「精讀、慢讀（Slow Reading）」才是「深入的閱讀方法」，但事實上，**慢慢讀並不見得就能夠理解得比較快、比較深入。**

◎速讀比精讀更能深入閱讀

選擇慢慢讀的人，容易被內容的細節所困。

有句話說「見樹不見林」，若被一些瑣碎的內容困住，反而不容易理解整個文章的內容。要明白整篇文章的意義，不能只專注這一小部分，而是要放眼文章的整體內容。

當然也不能「見林不見樹」，但一開始先放眼整個森林，掌握整體情形，對我們來說比較容易進入狀況。

譬如，上台做簡報的時候，通常會先針對整體報告做出重點式的說明，「關於這個項目有三個重點」，一開始便呈現出簡報的骨架。

對聽眾來說，與其一開始就聽到一大堆詳細的說明，不如先告訴我們整體架構大概是什麼樣子，即使只是粗略的大綱也沒有關係。這樣，聽眾比較容易接受，對於之後所提到的細節也較容易理解。

而且，還有一個較為單純的原因。雖然這是因書而異，但大多數的書籍，看到愈後面，對內容的說明會寫得愈詳細。若一開始就不顧一切的往下閱讀，常常會發現前面本來一直看不懂的地方，其實沒必要花太多時間在上面。

因為有著「重覆閱讀」的前提，在閱讀時別太執著於細節，別一直停在看不懂的地方，總之先粗略看過一遍，把看得懂的地方先弄明白。像這樣掌握住整體架構，才是深入瞭解書籍內容的捷徑。

使用雪球速讀法時，一開始先將閱讀範圍縮小到目錄、前言、後記，讀到本文時，即使有看不懂的地方也「高速」地把它讀過。不要認為這種閱讀方式很隨便，其實這能夠幫助我們快速掌握到這本書的整體架構，有著「放眼整片

速讀比精讀更能深入閱讀

精讀

不知不覺陷入書的內容

- 容易忘記這本書一開始在講什麼
- 容易造成「見樹不見林」的窘境

雪球速讀法（速讀）

俯瞰整本書的內容，可以隨意俯拾

- 由於可以看到整個架構，故能掌握整體內容
- 藉由重覆閱讀，能理解較深入的內容與細節

森林」的效果。

這就是第一原則：「讀得快，更容易理解內容」。

當然，如果用這種方式只讀一遍，就只是隨便讀讀而已，是相當膚淺的閱讀方式，但若「高速大量循環」，持續重覆閱讀，逐漸深入一些細節以及原本不懂的地方，便能成為快速且深入的閱讀方式。

若精讀或慢讀有辦法持續讀下去，總有一天，同樣能夠掌握一本書的整體結構，並理解內容。但若碰到原本不熟悉的內容、艱澀的書籍，就需要超強的耐力及意志力才讀得下去，要是根本對這本書沒興趣，很可能會中途放棄。因此，愈困難的書，就愈不應該慢慢閱讀，而是要快速讀過，並重覆閱讀許多次，較容易理解書中內容。

◎第二原則：「第二次讀的時候，會比第一次讀得更快」

雪球速讀法就是高速大量循環的閱讀方式，「高速」與第一原則息息相關，另一方面，「大量循環」則是與第二原則「第二次讀的時候，會比第一次讀得更快」有密切關聯。

我會注意到這一點，是拜我的速讀體驗之賜。

經過一番與速讀的苦戰之後，我總算也能夠用速讀讀完一本書。但我卻發現自己愈來愈常重覆閱讀同一本書。

要說為什麼，自從我學會速讀之後，讀完一本書所花的時間變少許多，即使從頭到尾讀一遍也不會覺得疲累。由於多出許多時間，自然而然就會想再讀一遍看看。而且，以前讀過的書也會時常拿出來重新閱讀。

這時我發現，「和第一次讀比起來，第二次讀的時候能讀得更快」。

就像先前所說，這是因為我已累積足夠的資料庫，所以能大幅提升我的速讀能力。

具體來說，**這是因為和第一次讀比起來，第二次讀的時候，對於書中的單字、語詞，以及文字脈絡較熟悉，能掌握整體構造的緣故。**

事實上，如同先前所介紹的，速讀教室中的「擬似速讀訓練」也是要學員重覆閱讀同一本書，使學員能夠體驗到「重覆閱讀同一本書，閱讀速度就會有所提升」，並在閱讀時「回想起這樣的感覺，以達到速讀的目的」。我便是由此而領悟到第二原則「第二次讀的時候，會比第一次讀得更快」。

第二原則看似非常單純，然而能活用這個特性的人卻少之又少。先不說別的，當一個人花了許多時間，終於看完一本書之後，會覺得相當疲勞，連喘口氣都來不及，更不可能會想要馬上把同一本書再念第二遍。

因此，很少人能領悟到這個原則。

◎雪球速讀法助你在短期內通過高難度考試

第一原則：「讀得快，更容易理解內容」。
第二原則：「第二次讀的時候，會比第一次讀得更快」。

以這兩個原則為基礎，最後誕生出來的，便是雪球速讀法。二〇〇三年，剛辭去工作獨立創業的我，為了測試雪球速讀法的效果，試著做一次公開實驗，我宣布我預計只花一個月的時間來準備CFP考試（Certified Financial Planner，為國際認證財務規劃師的最高資格），並且第一次考試就要通過。

實驗結果證明，雪球速讀法相當有效。

這可能會給人「這項考試可以靠速讀通過」的印象，但事實上，要是沒有把考試範圍內容好好理解並記憶，就不可能通過考試。我想試著說明準備考試時，速讀可以幫上哪些忙，於是創立一個電子郵件雜誌，報告自己準備考試時的情形，以及唸書的方法。

我在準備考試時所念的書，是某個特定範圍內的的數學題庫以及參考書。我在一個月內，持續閱讀這些書籍，就準備考試來說，一個月的時間聽起來好像有點短，但對讀書來說，卻是很長的一段時間。

當然，我用的方法與大家印象中的讀書法不同，而是大量地重覆閱讀，也許看幾次、也許看幾十次。因為若以考試為目標，必須確實記住內容，因此重覆閱讀這些參考書絕對是不可或缺的。

◎「高速」與「大量循環」的相乘作用

在重覆閱讀的過程中，我發現「和第一次讀比起來，第二次讀的時候能讀得更快」，而第三次又讀得比第二次快、第四次又比第三次快……隨著閱讀「次數」的增加，讀者能實際感受到閱讀「速度」會有顯著的提升。

閱讀速度提升，重覆閱讀的次數又能更進一步增加，累積更多資料庫，又能再提升閱讀速度。

就這樣良性循環，如同滾雪球一樣，速度一直在上升，唸書的進度也一直在前進。

①閱讀速度快，所以能重覆閱讀許多次

②重覆閱讀許多次，所以能讀得更快

③讀得更快，所以能重覆閱讀更多次

「高速」與「大量循環」的相乘作用

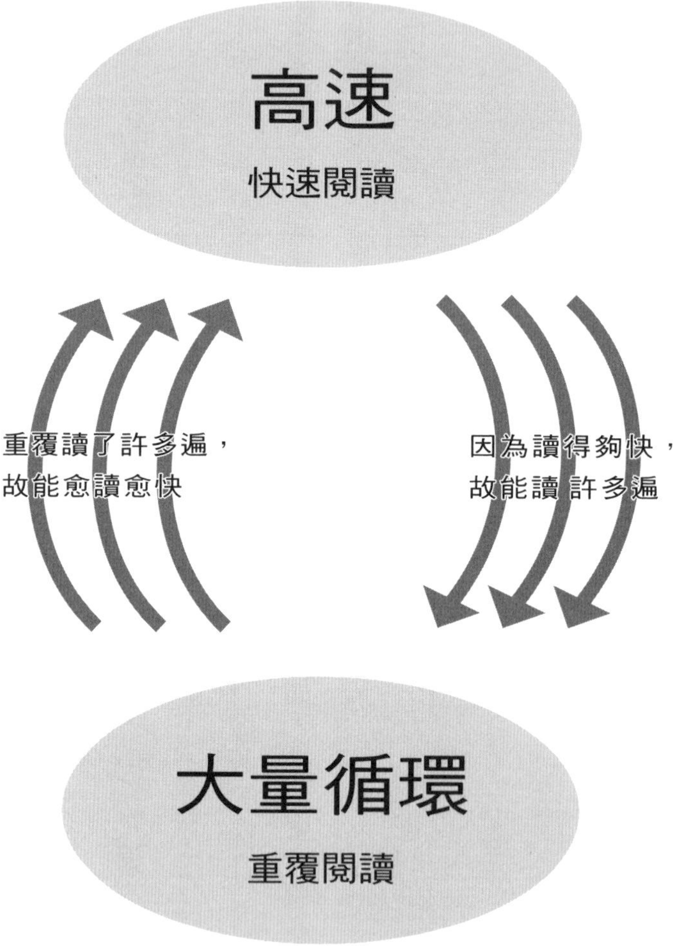
高速
快速閱讀
重覆讀了許多遍，
故能愈讀愈快
因為讀得夠快，
故能讀許多遍
大量循環
重覆閱讀

④重覆閱讀更多次，所以又能再讀得更快

便形成這樣的良性回饋。

不過，大部分準備考試的人並不會採用高速大量循環的方式閱讀，反而會陷入「低速少量循環」的困境。由於想要念得仔細一點，閱讀速度變得相當緩慢。又因為念得慢，念完一本書要花很多時間，沒有多餘的時間重覆閱讀。無法累積資料庫，結果看得又更慢。最後形成惡性循環。

這是因為以往的閱讀方法中，讀者會強烈地「想要明白」、「想要記住」，所以閱讀的速度反而會愈來愈慢。

在這樣的狀態下，別說要重覆閱讀，讀者很可能連完整的讀過一遍都做不到。

①閱讀速度慢，故無法重覆閱讀

②無法理解內容，又不能多讀幾遍，只好讀得更慢

③閱讀速度變慢，使內容更加無法理解，也更加無法多讀幾遍

仔細閱讀，反而容易在考試落榜。

後來我發現，能從「低速少量」的惡性循環，轉換成「高速大量」的良性循環，正是我能順利通過考試的祕訣。

當時，我便把這種不顧一切地快速閱讀、不顧一切地重覆閱讀的閱讀方式，命名為高速大量循環「雪球速讀法」，並廣為宣傳。這就是雪球速讀法誕生的契機，是由準備考試的唸書方式體悟出來的方法。

那時我所發行電子郵件雜誌的內容，現在可以在我的個人網站（http://www.utsude.com/）中找到。

另外，二〇一〇年時，我為了想再確認一次雪球速讀法的效果有多好，以兩個月內通過行政書士的考試為目標閉關苦讀，最後同樣順利達成目標。當時我把每天的閱讀記錄連載在我的部落格（http://ameblo.jp/kosoku-tairyokaiten-ho/）上，有興趣的讀者可以看看。

由這幾個例子，各位讀者應能看出雪球速讀法是一種相當實在，實用性很高的速讀方式。

考試最重要的就是結果，用「右腦」、「潛在意識」等虛無縹緲的字眼來搪塞，通過考試的機會不會比較高。

相較起來，雪球速讀法便是由考試的閱讀過程中誕生，並能證實效果的方法。

◎擺脫「因重覆閱讀，尋求甚解」的想法

那麼，讓我們再回過頭來，以速讀法的角度來看雪球速讀法。

速讀能力＝速讀技巧×雜學資料庫（知識、資訊、經驗等）

這個式子列出構成速讀能力的兩個基本要素。由剛才的說明可以知道，雪球速讀法是利用高速大量循環的技巧，有效率地累積資料庫。

仔細閱讀與大略閱讀

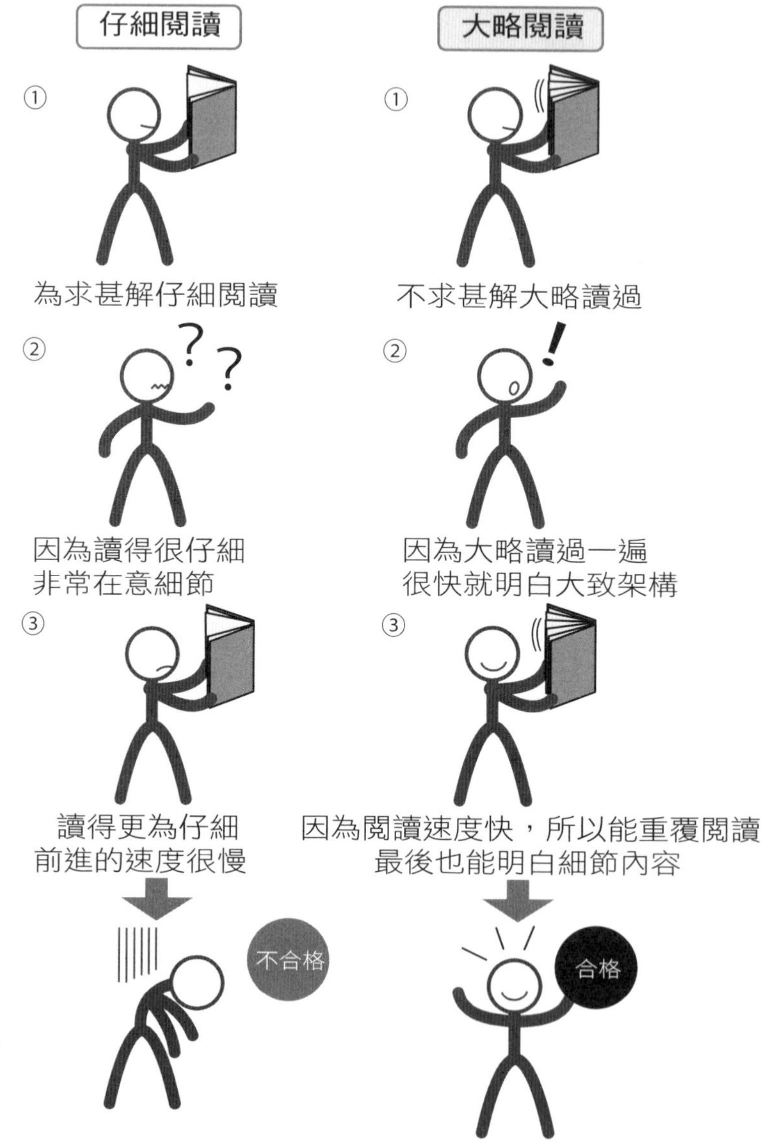

仔細閱讀
①
為求甚解仔細閱讀
②
因為讀得很仔細
非常在意細節
③
讀得更為仔細
前進的速度很慢
不合格
大略閱讀
①
不求甚解大略讀過
②
因為大略讀過一遍
很快就明白大致架構
③
因為閱讀速度快，所以能重覆閱讀
最後也能明白細節內容
合格

但事實上，高速大量循環的技巧不只能有效率地累積資料庫，另一方面，也能將速讀技巧發揮得淋漓盡致。這是因為高速大量循環技巧中，要讀者「重覆閱讀」的想法，會在無意識間促進讀者「閱讀時不求甚解」。

若一開始便覺得應該不會再讀第二次，那麼無論如何都會想辦法在第一次讀的時候就「理解內容」，如此一來便做不到「閱讀時不求甚解」。

①在不明白的地方停下來

②為了明白內容的意義，一直在同樣的地方打轉、重複看一樣的東西

③最後會無法集中注意力，半途而廢

這是一般人的典型閱讀模式。

請將「這本書我只要讀一遍就好」的觀念，改成「這本書我要重覆閱讀許多遍」，就會因為「反正我之後還會再讀好幾遍」，而不會中途被絆住，持續往下讀。

換句話說，高速大量循環技巧的「重覆閱讀」概念，將會使「閱讀時不求甚解」這一速讀技巧得以自然而然發揮。

◎速讀技巧會隨之提升

利用雪球速讀法高速大量循環的技巧，不顧一切拿起書讀下去，並重覆閱讀，這樣便能讓速讀技巧以及資料庫的累積產生良性循環。閱讀速度逐漸增加，能閱讀的書籍也會更多。

①由於速讀技巧能順利發揮，提升閱讀速度，因此可以一次讀很多書，增加累積的資料庫

②累積的資料庫增加，使速讀技巧更容易發揮

③由於速讀技巧更容易發揮，使閱讀速度進一步提升，因此可以一次讀更多書、累積更多資料庫

就像這樣，形成良性循環。

被稱為「學者」的人，多多少少都有利用這樣的良性循環大量閱讀。另一方面，很少讀書的人則是陷入相反的惡性循環。所以，原本就習慣讀書的人會愈讀愈起勁，而原本就不習慣讀書的人則是愈來愈讀不下去。

高速大量循環技巧是一種讓任何人都能夠進入良性循環，使閱讀速度持續提升的方法。總之，歡迎大家利用高速大量循環技巧，加入「閱讀者」的圈子。

坊間有許多讀書方法，像是將好幾本同樣領域的書籍在同時段內一起閱讀，或者是避免一開始就去讀專業書籍，而是從入門書開始讀。這些方法，其實本質都是讓讀者能夠有效累積資料庫，使閱讀速度逐漸提升。

然而，不管你是同時閱讀好幾本同領域的書，或者從入門書讀起，要是讀一本書所花的時間過長，很容易讀到一半就放棄，最後什麼也沒得到。

因此，推薦你一開始便試試雪球速讀法，高速大量循環地閱讀書籍，即使手邊只有一本難度相當高的專業書籍也沒問題。漸漸擴大你的讀書範圍，累積資料庫的量，便能提升自己的速讀能力。

第 3 章

三十分鐘速讀，掌握每一本書

06 從掌握整體架構開始

◎為什麼是三十分鐘？

那麼實務上，該如何用高速大量循環的「雪球速讀法」來速讀一本書呢？

接下來我想具體說明這個部分。請你從本書以外的書籍中，挑一本你想閱讀的書出來（要注意的是，這裡不建議用小說類的書籍，請以商管書籍、自我啟發、實用工具書等專業書籍中挑選）。

現在請你以三十分鐘內讀完這本書為目標，開始進行速讀。

「難道雪球速讀法能夠在三十分內讀完一本書嗎？」也許你會有這樣的想法，但我想表達的其實不是這個意思。

從「前言」開始我就一直強調，若想要速讀一本書，讀者擁有多少與這本書相關的資料庫，會深深影響速讀的效果，而資料庫的質與量也因人而異。因此，每個人閱讀的速度以及理解程度都會有所不同。

這裡將介紹三十分鐘內讀完一本書的方法，請把這種方法當作一種標準作法。

另外，在閱讀的時候，也請你至少花三十分鐘的時間讀一本書。若讀者具備與這本書相關的資料庫，能理解得比較快，也許一下子就能讀完這本書。即使這本書只要十分鐘就能夠讀完，也建議讀者花三十分鐘重覆閱讀。

因為，資料庫雖然能幫助讀者理解，但也可能會造成讀者誤解，「自以為瞭解」，或「覺得自己應該懂」。

要是讀者認為「這東西我聽過」、「這種事我早就知道」，常常會看過一次就結束。但如果硬是把這本書重覆看兩三次，一定會有新的發現，比如「原來這裡寫的是這個意思」、「和我之前的想法不太一樣」。也就是說，雖然這些內容之前有讀過，但事實上之前根本沒讀懂。

著有《千夜千冊》並持續撰寫部落格（http://1000ya.isis.ne.jp/top/），而被許多人推崇的日本閱讀專家——松岡正剛先生（編集工學研究所所長）曾說過：「書不讀兩遍以上，不能叫做讀書」。

這是因為同一本書多讀幾遍，就會發現有許多本來覺得應該已經看懂的內容，其實根本沒看懂，這些內容反而在腦內留下錯誤的資訊。

速讀並不是大胃王比賽，若只把閱讀速度的提升當作目標，卻不在意內容有沒有正確解讀，這樣一點意義也沒有。若有一本書只要花十分鐘就讀完，就表示讀者已具備與這本書相關的資料庫，那麼對讀者來說，即使沒閱讀這本書也沒什麼大礙。

◎目錄濃縮書籍的資訊

高速大量循環技巧的第一個重點，就是在一開始要縮小閱讀的範圍。若能成功縮小閱讀範圍，任何人都能駕馭高速大量循環技巧。

一旦開始使用高速大量循環技巧，等於開始累積資料庫，閱讀速度也會愈來愈快。這時再逐漸擴大閱讀的範圍，便能在提升閱讀速度的同時，也能深入理解書中內容的意義。總而言之，剛開始使用高速大量循環技巧，請先縮小閱讀範圍。

首先把閱讀範圍限定在「目錄」。閱讀目錄時請善用「閱讀時不轉換成聲音」以及「閱讀時不求甚解」等速讀技巧。與其說這是在閱讀，感覺還比較像是在俯瞰整個頁面的內容。

目錄包含各章的標題以及次標題，是許多單字排列組合而成，而不是由句子構成的文章。要「閱讀時不轉換成聲音」相對來說容易許多。

不過，這些是經過修飾、簡化的語詞，常常會有許多抽象的單字，其中有不少字即使看了也沒辦法馬上明白，有些人可能會為了「想看懂」而愈讀愈慢。**這裡請讀者保持輕鬆的心情，抱著「只要多讀幾遍就能逐漸明白標題意思」的想法，先一口氣「高速」讀過，這便是這個階段的重點。**

如果要吸收所有目錄中的資訊有點困難，一開始可以跳過次標題，只看各章標題就好。總之就是儘量縮小範圍，快速循環閱讀。

目錄再怎麼樣也只有十頁左右，花幾秒鐘就能夠看過一遍。就把這當作簡單的準備運動，一分鐘內重覆看個五遍左右。

◎首先請在兩分鐘內把目錄重覆讀十遍！

在重覆看的這五遍內，目錄中與本書相關的知識、資訊、整體內容的大綱等，逐漸在讀者腦內留下印象。此外，也能累積閱讀目錄的經驗。

即使只看一分鐘，當你重覆把目錄看到第五次的時候，你會發現和第一次看的感覺有很大的差異。不只愈來愈熟悉目錄的文字，且由於與目錄相關的資料庫累積得愈來愈多，閱讀目錄的速度也會愈來愈快，漸漸便能用輕鬆的目光掃過整個目錄。

不過，即使重覆看五次，也不可能完整的把目錄內容背下來，但沒關係，只要你腦海中有著大致的記憶就好。有些目錄中的單字會記在腦中，有些單字卻看過就忘，不會在腦中留下任何印象。這便是我們的大腦這時的狀態。

有些人會相當介意目錄中無法一目瞭然，或者不明白意義的語詞，而感到焦躁，想把這些部分再慢慢多讀幾遍。但是，如果在這裡停下來，「為求明白」而開始慢慢閱讀，就變回以往的閱讀方式，而不是速讀。

剛開始學習速讀的新手，在這種情況下，常會懷疑自己看的速度是不是太快，但此時請你別在意這種想法，讀下去就對了。與其把時間花在研究看不懂的地方是什麼意思，不如再多看五次。

當然，要是一開始看的五次就能理解全部內容，就不需要再看那麼多次。高速大量循環技巧的應用，與每個人資料庫累積的量有密切關係，所以不同人間存在差異很正常。

「重覆看十遍目錄不會太多了嗎？」

也許有人會這麼想，但事實上，閱讀速度會隨著閱讀次數的增加而逐漸提升，因此實際操作時，會比想像中還要輕鬆。

一分鐘可以重覆看五遍，兩分鐘就能看十遍，而且閱讀速度還會逐漸上升，所以實際花在閱讀的時間會變少。

◎「閱讀時不求甚解」的訣竅

在利用數分鐘，把目錄重覆看了五遍、十遍之後，應能逐漸熟練「閱讀時不轉換成聲音」、「閱讀時不求甚解」等速讀技巧。

由於目錄並不是長篇大論的文章，篇幅相當有限，所以能夠一口氣大量重覆閱讀。在重覆閱讀的過程中，就能發揮速讀技巧，使讀者容易抓到速讀的感覺。

讀完目錄之後，前言、後記、本文的部分也將一一納入閱讀範圍內。

當閱讀對象是文章時，容易不自覺的「轉換成聲音」，或者是為了找出文章的邏輯脈絡，使讀者「想要明白」內容。所以請你在重覆閱讀目錄的時候，先熟悉並記住這種「閱讀時不轉換成聲音」、「閱讀時不求甚解」的感覺。

這時的重點是身體的感覺。

若想進入「閱讀時不轉換成聲音」、「閱讀時不求甚解」的狀態，需避免身體的姿勢往前傾，而是要稍微往後拉，讓我們在閱讀的時候能夠俯瞰書本的整體。

此時，你不應該為了「我看得懂」感到高興，或因為「我看不懂」感到失望，而是不管看得懂還是看不懂都一概接受，讓自已保持在平靜的狀態下閱讀。

不要因為看懂、看不懂而讓情緒產生變化，而是要像在處理事務一樣，集中精神，將看得懂和看不懂的部分分開來。

藉著這樣的過程，便能輕鬆達到速讀的目的。請試著比較完全沒看過、與看過一遍後，各有哪些「看不懂的部分」。雖然「看不懂的部分」還是看不懂，但只要有某些地方「看懂了」，就代表前進一大步。

再來，許多人在看書時會「不知不覺中將文字轉換成聲音」。

如果你是這樣的人，請你在看書的時候，將書上的文字與腦中相關的資料庫念出來。也就是說，不要一直想著將腦中的聲音消除，而是要藉由將資料庫

別在看不懂的地方停下來！

卡在看不懂的地方

哪些地方看不懂，記著就好
先一口氣讀完，再重覆閱讀

念出來這個步驟，把轉換成聲音的想法消滅。

文字原本就是由人類發出聲音，再將聲音轉換成特定形式所得。若想要閱讀書籍並理解內容，就一定要將文字轉換回聲音。然而，如果有將「某個語詞」轉換成聲音的經驗，那麼閱讀到這個語詞的時候，即使不將它轉換成聲音，也能夠自動想起它的聲音，進而理解意義。

反過來說，若你讀到一個新的語詞，從來沒轉換成聲音，即使看過去也不曉得是什麼意義，因此我們有必要將這些語詞以及論述讀出聲音來。發出聲音讀幾遍之後，下一次再看到這裡時，就能夠在不轉換成聲音的前提下理解內容。

◎讀完目錄，接著要讀「前言、後記」

你已經把目錄重覆看過十遍，熟悉內容，並能大致掌握整本書的大綱，接下來則是要看「前言、後記」。為什麼不直接看本文就好了呢？這是因為大多數的書籍，會把寫這本書的目的，以及由這本書的論述可得到的結論，去蕪存菁，整理在前言和後記裡。

藉由閱讀前言和後記，讀者能夠有效率的累積知識、資訊等資料庫，為之後閱讀本文做準備。

我自己就有很多次這樣的經驗，在寫一本書的過程中，常常會對於書中內容有更深的理解，以及新的發現。也就是說，自己想說明的是哪些事、想寫的是哪些東西，隨著作品接近完成，也會跟著逐漸明朗。而前言和後記，便是在完成作品的當下，頭腦還保有這種熱騰騰的熟悉感時所寫。

所以，前言、後記正是一部作品的核心，將作者最想問的問題、最想傳達的理念，以及這本書的整體結構，用最簡潔、最熱情的方式表達出來的文字。

◎「前言、後記」不要用讀的，要用「看」的

雖然「前言、後記」與目錄不同，是以文章的形式寫成，但在讀這個部分

的時候也是一樣，請讀者不要一字一句慢慢讀，而是要時時提醒自己，「閱讀時不轉換成聲音」、「閱讀時不求甚解」，儘量「快速」地看過去。別抱著一次就想看懂的心態去讀，而是要重覆閱讀好幾遍，「大量循環」地閱讀。

請試著回想在重覆閱讀目錄時的感覺。

讓身體挺直，保持淡定的心情，單純將書中看得懂的部分和看不懂的部分區分出來，並尋找哪些部分與大腦中的資料庫產生共鳴。

如果前言、後記中，有提到剛才讀的大標和次標，先挑出次標的部分跳著看，找找看有沒有哪個次標題寫著這本書的目的或結論，將閱讀的範圍從整篇前言、後記縮到更小的篇幅，讓我們更容易用高速大量循環技巧閱讀。

有時候翻譯書會再附上譯者所寫的後記。譯者後記常將許多重點更進一步濃縮，因此先把這個部分「高速大量循環」地讀過吧。

剛才看目錄時所累積下來的資料庫，會在閱讀前言、後記時發揮效果。由這些累積下來的關鍵字所構成的語詞、以及整本書的架構，與前言、後記的內容互相對照，使讀者一開始便能快速且深入地閱讀。而且，重覆閱讀之後，累積更多與前言及後記相關的資料庫，將能更快速、更深入地理解內容。請試著在五到六分鐘內，重覆閱讀十遍吧！

◎要怎樣才算「讀過」一本書？

到目前為止，我們已將縮小後的閱讀範圍，也就是前言、後記與目錄，重覆讀許多次，花的時間還不到十分鐘。

照以往的方式閱讀，這不到十分鐘的時間，大概只夠讀者閱讀十幾頁的本文而已。不過，若用「高速大量循環」的雪球速讀法，就能把整本書讀過一遍。

但是，要讀到什麼程度，才算是「讀完」一本書呢？

一般來說，只讀過目錄、前言、後記還不夠，至少還要讀過一些本文，才能算是「讀完」這一本書。

然而齋藤孝先生在《閱讀力》這本書中寫道：「要能夠『闡述內容大

綱』，才算是讀完一本書」。以這種方式定義「讀完」，較容易被大多數人接受。

那麼再回到原來的問題，要讀到什麼程度，才算是「讀完」一本書？請試著由目錄、前言、後記所提供的資訊，整理並說明這本書想表達的事物。雖然無法講得很完整，但相信你已經能夠說得頭頭是道。

由此可推論，將閱讀範圍縮小到目錄、前言、後記之後，用「高速大量循環」的雪球速讀法快速閱讀，反而比讀本文還要接近「讀完一本書」的定義。

當然，我想說的並不是只要讀目錄、前言、後記，就等於讀完整本書。

不過，只要有十分鐘，就能夠藉著重覆閱讀目錄、前言、後記，累積足夠的資料庫，之後便能更加快速且深入地閱讀本文。而且這不限於閱讀熟悉領域的書籍，即使是艱澀的書，經過這個步驟之後，讀者也有能力說明這本書想表達的內容。

07 縮小閱讀範圍，輕鬆重覆閱讀

◎閱讀本文時請先讀標題

終於要進入本文的部分，在閱讀本文時，也要儘量利用「閱讀時不轉換成聲音」以及「閱讀時不求甚解」等速讀技巧。

為了達到這個目的，**一開始請不要直接閱讀整篇本文，而是要想辦法縮小範圍閱讀，再慢慢的擴大閱讀的範圍**。

具體來說，就是要讀「標題」。雖然本文的每一頁都要看過，不過一開始把閱讀的範圍限制在標題，快速的瞄過去就好（另外，如果書的封面書衣或書腰會妨礙到翻閱，請將它取下）。

在閱讀本文時，要一邊翻頁，一邊瞄書中內容，作法其實和重覆閱讀目錄是同樣的。因為已經累積一些關於這本書的資料庫，因此更能夠輕鬆、快速地看過整本書。

由於之前已經讀過目錄，在看本文的時候會看到許多已知的單字、熟悉的詞語，所以能輕鬆地快速看過。而且，雖然一開始只要求要看標題的部分，但逐漸地，標題以外的本文內容以及圖表也會自然而然映入眼簾。

於是，「啊！原來這邊是這個意思」、「這個部分是關鍵字」，像這樣，大量的資訊會自然而然進入大腦。「原來這本書想講的重點是這個」，最後便能對這本書的內文有個整體的印象，且能逐漸熟悉書中內容。

除此之外，閱讀標題時，也可能會出現一些不太明白的情況，比如「這是什麼」、「這個標題有什麼意義嗎？」讓你很想追根究底。

這時可能會讓讀者產生「想要明白」的感覺，而開始閱讀本文的內容。但由於只要花數分鐘就能讀完所有的標題，所以請忍住這種感覺，不要間斷，先把整本書的標題看完再說。

◎厚重書籍的閱讀方式

只看標題就好。

若抱著這樣的想法，翻書的時候是不是也覺得輕鬆許多呢？

翻開未曾接觸過領域的書籍、或艱澀的專業用書，難免會覺得有種壓力。

前幾天，有位朋友找我諮詢：「我想參加不動產買賣考試，雖然我買了教科書，但總覺得讀不下去」。我便和他說，先把閱讀範圍縮小到標題就好。

隔天，朋友一早便向我報告：「我開始試著只讀教科書的標題。沒想到只是稍微改變一下方式，就能輕輕鬆鬆看完厚厚一本教科書呢」。

要是一開始就抱著讀一遍就要完全理解的想法，打算讀完整本書的內文，很容易被書的份量壓得喘不過氣。不過，要是把心態轉換成「先看過標題就好」。那麼需要記住的資訊量便會一口氣少很多，使讀者能夠隨心所欲地控制自己的閱讀計劃。

即使一開始什麼都不知道，在重覆閱讀標題之後，便會留下一些印象，增加對內容的熟悉度。以此為基礎，即使無法完全理解內文的意義，也能在沒有壓力的情況下，順利往下閱讀。可以試著在五到六分鐘內，重覆閱讀三次。

◎速讀其實就像看報紙

剛開始實行這種只看標題的閱讀方式，可能會覺得有點不習慣。不過，其實你每天都在做類似的事情。

我指的就是閱讀報紙這件事。

我想應該很少有人會從頭版開始，照著順序把每一篇報導都仔細看過，一直看到最後一版的電視節目表。大多數的人每天一大早，並不會有那種美國時間。

若問大家是怎麼看報紙的，多半會聽到像是「我是從運動版開始看」、「我是從頭版開始看」等各式各樣的答案。大多數人會依照自己的習慣，翻閱紙張，一覽所有標題，從中挑出自己感興趣的報導閱讀。很少有人會把每天報紙上的每一篇報導都讀完，甚至一段時間沒有看報，一般人也不會覺得有什麼大不了。也就是說，閱讀報紙是件相當自由的事。

然而，一旦對象變成書本，讀者就會不可思議地正經起來，連閱讀的姿勢都變得拘謹。**閱讀報紙的時候，一般人會很自然的跳著閱讀，請把這樣的閱讀方式用在一般書籍上。**

◎想加快閱讀速度，請「同意」書中內容

接下來，終於要來說明該如何閱讀書籍的本文。但在這之前，請先讓我再介紹一個能「閱讀時不求甚解」的簡單訣竅。

那就是要「體會」並「同意」書裡所寫的內容。

「這樣啊！」

活用標題閱讀法

看報紙使用的標題閱讀法，
同樣能用在閱讀書籍！

「原來如此。」

像這樣，除了標題，連作者所寫的每一句話都要點頭同意，在閱讀作品的時候全盤接受書中內容。重點是附和，你可以想像成在電視上說相聲的兩人中，負責吐槽的那一位，負責吐槽的人，台詞通常不會很長；或者想像成演唱會合音的小天使。

為了使對方所說更能引人注目、帶動氣氛，你要適時插入簡短的句子附和。

不過，**這不代表要讀者毫無保留的贊成書中所寫的內容、意見、主張等。**常有人說，帶著批判的心態讀書是件很重要的事。這裡並不否定這樣的說法。我的意思是，不要一開始就對作者的說法表示贊成、反對，或斷定作者是正確、錯誤。也就是說，先不要對內容作出評價，而是要表現「原來作者是這麼想的」，單純接受作者的想法，抱持「總之先把對方的話聽完」，用這種心態去閱讀書籍。

若想做出真材實料的批評，當然必須先「體會」作者寫這本書時的感受。

舉例來說，與人交談或討論時，常常會你一句我一句互相對話，但如果一直雞蛋裡挑骨頭，針對他人所說的話，會難以進入話題的本質，使對話變得冗長無味，或是讓對話氣氛變得不愉快。

讀書也一樣。一開始先不顧一切默念「原來如此」，同意對方的主張，接受對方的意見，這樣才能夠保持閱讀的速度。

有些速讀教室在上課時會告訴學生：在心中持續默念「原來如此」，是速讀的訣竅。**因此無論如何，請讀者依照這個方法，在讀書時心中持續默念「原來如此」，從外在的形式下手，一邊點頭一邊讀下去。**

如此一來，便能自然而然的保持「心情平靜」，進而達到「閱讀時不求甚解」的目標。精神集中，不會半途分心，請讀者一定要試試看。

◎前十五分鐘瞭解書本的整體架構

依照以上方法，把整本書一頁頁翻過去，將閱讀對象限制在標題，重覆讀三遍左右。雖然閱讀速度會因每本書的頁數而有所不同，但一般的書籍大多可在五到六分鐘之內讀完。

從開始閱讀到現在，我們已經讀過目錄、前言、後記、以及本文的標題，並以標題為中心漸漸擴展閱讀範圍。至此約花了十五分鐘左右。**在這一開始的十五分鐘內，我們已瞭解到這本書的整體架構、本文中常出現的關鍵字等，累積有相當數量的資料庫。**

除此之外，讀者應該也會發現自己對某些段落特別感興趣，或是覺得某些段落比較無聊。請回想一下，你此時的見解，是否和還沒開始閱讀這本書前有所差異？這道理類似為了某個目的去見一個人，見面之後，卻因為其他原因而愈聊愈起勁一樣。

而且，這時讀者已有將目錄、前言、後記等部分重覆閱讀十遍以上的經驗。這些經驗將會讓讀者對這本書產生親近感，讓大腦能在放鬆的狀態下閱讀這本書，在閱讀時更有餘裕關注那些較瑣碎的內容。

◎後十五分鐘重覆閱讀深入細節

前十五分鐘，利用高速大量循環技巧所累積下來的資料庫，讓讀者能輕鬆又快速地閱讀這本書。**剩下的十五分鐘則是要持續重覆閱讀，累積更多資料庫，漸漸深入書中內容的細節。**

要注意的是，在這個階段仍要將閱讀範圍限制在某個程度，再慢慢擴大。首先以自己感興趣的文字或段落為中心，再慢慢拓展到其他部分。

剛才我有提到，一開始要把整本書一頁頁翻過去，並將閱讀對象限制在標題，閱讀標題時，本文同時會映入眼簾，其中也許會出現讓你感興趣的文句。

此外，當你讀目錄以及標題，有時也會被某些章節的標題吸引，而產生「我想看這個！」的感覺。

現在就請你以這些文句以及章節為中心，開始讀這本書。

這裡仍是用雪球速讀法的高速大量循環技巧來閱讀，不要求第一次就要看

三十分鐘速讀整本書的方法

①一開始的二到三分鐘，
重覆閱讀目錄五到十遍

②用六分鐘重覆閱讀
前言、後記十遍
這時便能知道這本書的大綱。

③讀本文時，要跳著
讀每個段落的標題
五到六分鐘內重覆讀三遍

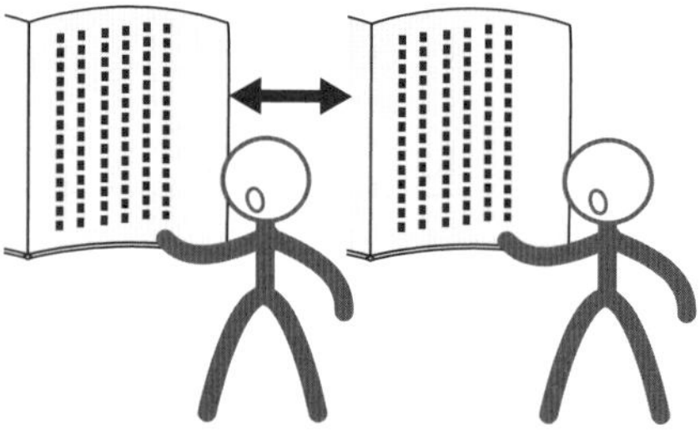

④剩下的十五分鐘，
則是以自己感興趣
的文字、段落為中
心，重覆閱讀

懂，而是以重覆閱讀好幾次為前提，隨時記得要「閱讀時不轉換成聲音」、「閱讀時不求甚解」，把這本書一頁頁翻過。

要是發現感興趣的關鍵字，就要像之前閱讀標題的時候一樣，尋找關鍵字的位置，以關鍵字為中心，閱讀包含這些關鍵字的文章。

這時請不要為求理解內容，而放慢速度閱讀，而是要以隨意俯瞰整本書的態度，重覆看好幾遍，逐漸理解內容，再逐漸擴大閱讀的範圍，並重覆閱讀。

◎在「整體」與「細節」間來回

你以感興趣的關鍵字及章節為中心，用高速大量循環技巧閱讀本文，此時，一定要另外插入一段時間，回到之前的步驟，閱讀目錄以及整本書的標題。

雖然你已經重覆閱讀許多次目錄以及標題，不過在你讀過一些感興趣的關鍵字和章節內容之後，再回來看看整體內容，一定會有新的發現。

除了更能深入瞭解整本書的架構，以及作者的主張之外，從整本書的角度觀察關鍵字及章節的編排，也能幫助你理解作者的想法。

另外，重覆閱讀的同時，也可能會發現之前不曾注意到的關鍵字，瞭解之前沒特別留意章節的重要性，進而引發對這些段落文字的興趣。

像這樣在整體與細節間來來回回閱讀，也是維持「高速大量循環」效率的訣竅。一般人常常看到感興趣的段落，就陷入這些文字中，不知不覺中放慢速度閱讀。這種時候，回到較全面的角度，俯瞰整本書的內容，才能維持速讀的效率。

08 「看得懂」不等於掌握整本書

◎如何習慣速讀

在三十分鐘內把想讀的書用雪球速讀法「高速大量循環」地讀完，有什麼感覺呢？

應該會和你以往的閱讀方式感覺完全不一樣。

也許一開始你會想「這種閱讀方式真的看得懂內容嗎？」像是霧裡看花一樣，對速讀不抱任何期待。不過在實際操作時，想必會有豁然開朗的瞬間，突然就明白書本想表達的內容。

這種與以往閱讀方式截然不同的高速大量循環技巧，正是雪球速讀法的核心，請你一定要試試看。

「可是我總是會在無意間轉換成聲音，開始碎碎念耶。」

「由於馬上就想明白書的內容，結果就變成和之前一樣的閱讀方式。」

也許會有不少人碰到這樣的情形，但請你記得，速讀並不是以往閱讀方式的延伸，兩者之間有本質上的不同，所以只能靠多練習以習慣速讀。在你實際嘗試雪球速讀法的時候，一定能逐漸掌握速讀的感覺。

◎非得在三十分鐘內讀完嗎？

「三十分鐘內讀不完啦！」

「有很多地方還是不曉得在講什麼。」

也會有很多人出現這樣的狀況。再怎麼說，三十分鐘只是一個參考標準而已。當然，依照手上書籍難易度、篇幅的差異，看得懂的比例以及理解程度，這些都會大大影響到你閱讀的速度。

另外，即使沒辦法看完所有內文，無法理解所有內容，也不用灰心。請回頭看看之前讀過的內容，審視一下有哪些看得懂，哪些仍沒有看懂。

即使只是知道有哪些地方「沒看懂」，也是很大的進步。說不定「沒看懂」的部分，才是閱讀這本書的意義所在。這些沒看懂的部分，可能是你突破以往框架的關鍵，成為讓你成長的糧食。

另外，高速大量循環技巧可以幫助資料庫累積，但並非以完全理解書中內容為目的。

若是你利用速讀技巧重覆閱讀，但還是看不懂書中內容，那麼，即使你慢慢讀恐怕也無法理解。這代表這本書的內容對現在的你來說過於困難。

◎找出不懂的地方，才是真正的閱讀

速讀時最忌諱的就是明明看不懂，卻假裝自己已經看懂。這樣便容易被無形的框架限制，變成自我催眠。應該這麼說，**找出自己還有哪些地方不懂，才是真正的閱讀**。要是真的發現自己不懂的地方，反而應該覺得高興。

非小說文學作家佐野真一先生，對於書的評價曾提出以下的見解。

「其實真正厲害的書，不會直接給你解答，而是會想辦法讓讀者深入思考，在書中則找不到答案。說的直白一點，就是這個意思：沒有解答的書是最好的。若書中寫許多設問、並丟了一堆問題出來，讓讀者反思『真的是這樣嗎？那種說法是對的嗎？』才是真正厲害的書。」

當讀的書愈來愈多，累積許多經驗之後，同一本書的閱讀心得也會有所改變。所以請好好珍惜第一次的閱讀經驗，抱著期待的心情觀察你與這本書之間的關係變化。

◎資料庫會隨著時間變化

「沒想到只要三十分鐘就能理解到這個程度。」

「我也能在三十分鐘內輕輕鬆鬆讀完一本書。」

當然，也許已經有許多人達到這個境界。如果你也是，請你不要忘記這種感覺，並請你將雪球速讀法的經驗疊加、相乘。

同時別忘記提醒自己，靠速讀在三十分鐘內所看過的內容，有時並不代表整本書。會覺得「我瞭解」，可能只是「自認為瞭解」而已。

若你之後回來重看一遍，說不定會有完全不一樣的見解。這表示，在這段時間內，你累積的資料庫有所變化。

資料庫會隨著時間變化

任職公司職員時期，閱讀許多經營管理的書籍，有些內容本來覺得沒那麼重要

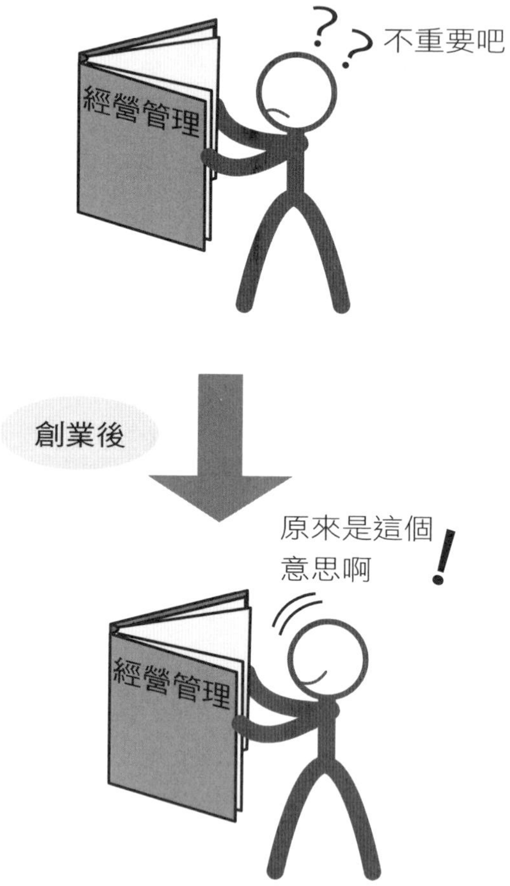

再回來看同一本書，便會發現這些內容的重要性。
這是因為創業時得到許多知識與經驗，
累積許多資料庫。

譬如說，假設你未來的目標是要獨自創業，於是在學生時期以及公司職員時期，就閱讀許多經營管理的書籍。當你真的創業之後，再回來看同一本書，一定會與以前看這本書的感想有所不同，理解的深度也會有所差異。

這是因為你在這段時間內，累積許多經營管理相關的經驗，透過實際體驗，資料庫內的知識一直有在更新、累積。

◎好書能夠陪伴你成長

如果真的「整本書的內容都看得懂」，那麼對你而言，這本書應該沒什麼幫助。讀這本書只是在確認你已經知道的知識而已。不如藉著這個機會，重新審視一下自己和書本之間的關係。

若過於在意閱讀時間，只讀那些可以迅速看完的書，反而才是浪費時間和金錢。

基本上，一般人在經過三十分鐘的閱讀後，雖然確實瞭解部分內容，但應該還會有某些地方覺得似懂非懂。

閱讀這件事本來就應該是這樣。

即使在讀完一本書後，覺得自己差不多明白這本書的內容，事實上，你理解的也只是「現在的你」能夠理解的部分。十年之後，當你再回來看這本書，或許會有不同的見解，發現一些十年前沒有注意到的東西。

學無止盡，讀書這回事可說是沒有結束的一天。

和短時間就能讀完，沒留下任何殘餘價值的書本比起來，那些在讀完之後，還能陪著讀者走過一段長路，讓讀者能時時回味的書，才能成為我們的精神糧食。所謂的好書，能夠長存於讀者心中，陪伴讀者成長。

看到這裡，各位讀者心中是否燃起衝動，想回去再讀一遍那些以往認為「已經讀過」的書籍呢？

又或者有些讀者已經開始思考：所謂的「速讀」究竟是什麼？「閱讀」又是什麼？這類更為本質的問題。關於這些問題，就讓我們在下一章討論。

◎小說也能夠速讀

本章介紹的三十分鐘速讀法，閱讀的過程為：依照順序將目錄、前言、後記重覆看過，再進入本文的部分。

看到這裡，也許會有這樣的疑問：

「準備考試或學習某樣技能的書籍，可以用速讀法閱讀，小說是不是沒辦法這麼做呢？」

的確，閱讀小說時，即使看過目錄，仍無法瞭解整本書的整體內容，通常也很少會有標題這種東西。而且，雖然有些小說有後記，但一般來說都不會有前言。

本質上來說，小說是一種希望讀者一開始能默默讀下去，在閱讀的過程中逐漸浮現整體架構，並以此為樂的書籍。推理小說更是上述說法的典型例子。

但其實，小說原本就是一種速讀起來很簡單的書籍。

因為小說內並沒有太多新的知識、資訊等要素，許多人早已具備與一般小說相關的資料庫。這麼一來，「閱讀時不轉換成聲音」、「閱讀時不求甚解」等速讀技巧，也能在閱讀小說時有效發揮。

而且，好的小說能夠讓讀者對各種場景、每個角色等內容產生想像，這些印象有助於快速閱讀。

當然，花費較多時間，將小說內的一字一句都默念在心裡，感受書中的氣氛，是所謂正統的閱讀方式。用這種方式閱讀自有優點。不過，若換一種完全不同的方式閱讀，利用「閱讀時不轉換成聲音」、「閱讀時不求甚解」等速讀技巧快速閱讀，會有種完全不同的感受，請各位讀者一定要嘗試看看。

此外，**對於很少在看小說的人，相當推薦用雪球速讀法的「高速大量循環技巧」，來閱讀那些較為艱澀的小說**。

譬如說，較有年代的翻譯小說常出現很少聽到，或從來沒聽過的地名、人名。讀者的注意力容易被這些東西吸引住，如此一來，不只很難讀得快，而且會很難融入書籍營造的氣氛。

這種時候，不如先一口氣把整本書看完一遍，接著重覆看第二遍、第三遍。雖然一開始就知道整本書的大致劇情，但並不會影響到看這本小說的樂趣。

本章所介紹的閱讀方式，再怎麼說都只是一種作為參考的標準模式而已。因此，我要再度不厭其煩地列出速讀能力的公式：

速讀能力＝速讀技巧×雜學資料庫（知識、資訊、經驗等）

雪球速讀法要求讀者善加利用「閱讀時不轉換成聲音」、「閱讀時不求甚解」等速讀技巧，並時時審視自己累積的資料庫，先將閱讀範圍、對象縮小，重覆閱讀，大量高速循環，請你也來試試看！

第 4 章

過度重視效率，
反而陷入「危險閱讀」的陷井

09 速讀的謬誤

◎閱讀不是在「下載」知識及資訊

實際操作雪球速讀法便可以感覺到，即使一直讀同一本書，在重覆閱讀、累積資料庫的過程中，不僅能提升閱讀速度以及理解程度，你對這本書的印象也會隨著閱讀次數的增加而逐漸改變。所謂的讀書，即是書本與讀者兩者的交互作用下，所創造出來的經驗。

不過，一提到讀書，會不會讓你有「像是用電腦下載資料一樣，將書中知識與資訊單方面送進腦中」這種印象？

這大概是被學生時期的授課方式所影響，而多少會有刻板印象，認為「書

＝學校裡的老師」、「讀書＝照著老師教的內容學習」。

在這種教學環境下，容易讓人覺得「讀書便是將各種新的知識與資訊，一股腦塞入大腦內」，也就會產生「讀書＝下載」的印象。

不過事實上，在讀書的時候，並非將書中內容原原本本下載到腦中，而是書中內容與讀者所擁有的資料庫產生共鳴，就像是腦中產生化學反應一樣。

這樣的反應會形成新的資料庫，並累積下來。

接觸到與以往不同的意見或想法，讀者的看法也會產生變化。而由於讀者的看法有所改變，即使同一本書讀過很多次，下一次讀的時候又會產生新的共鳴，每次的讀書經驗都會有所不同。

乍看之下，讀書似乎是個靜態的活動，但實際去分析讀書時大腦中的各種反應及變化，便會發現讀書其實是一個動態的過程。

◎有效利用資料庫與書籍的共鳴

然而，幾乎所有速讀方式都是基於「讀書＝下載」的概念去訓練學生。本應與速讀效率有密切關係的資料庫累積反而不被看重，甚至被無視。

而且，為了提升「下載速度」，速讀教室只會要求學生快速移動視點，擴大閱讀視野，就像是在增加下載線路的頻寬。「只要能將資料全都下載下來，大腦就會自己想辦法處理」，把這種不正確的概念灌輸到學生腦中。

但實際上，人類的大腦和電腦不一樣，閱讀時，讀者並非從書本上單方面下載資料。所謂的閱讀，其實是書本與讀者一起進行「協同作業（collaboration）」，比較像是讓書本與讀者之間產生共鳴。

因此，積極活用「書本與讀者的資料庫」，使兩者之間產生交互作用，引起共鳴，這才是速讀的本質。

當然，以往的閱讀方法也會讓書本與資料庫產生共鳴。但如果抱著「想明

閱讀並不是把資料下載到大腦中

將閱讀視為下載

讀者將書本上各種資訊及知識，單向塞進大腦裡，
但事實上並非如此

閱讀時實際發生的事

從書本上得到的資訊及知識，將與讀者的資料庫產生
化學反應，使讀者能夠記憶、理解內容

白書中內容」的強烈意識、把內容轉換成聲音閱讀，將使讀者只把注意力放在書上，拖慢閱讀速度，不會發現在自己大腦中所產生的共鳴，也無法活用這樣的反應。

一邊思考每一個字的意義及每一句話之間的關聯，一邊理解書中內容，與這種傳統閱讀方式比起來，速讀是一種有效利用原本所擁有的資料庫，以及新獲得的資料庫，使兩者產生「回音」的閱讀方式。

以往的速讀方式，對這種資料庫的力量視而不見，但雪球速讀法能有效利用資料庫帶來的好處。

使用雪球速讀法的高速大量循環技巧，能累積速讀的經驗，也能逐漸體會到閱讀書籍同時大腦內產生的共鳴。

書本內的文句、段落，會連結到讀者過去的記憶，使讀者能重新感受那些記憶的情緒。如此一來便能藉由速讀，感受到資料庫的力量，並能有效利用。

一提到速讀，許多人想到的是只追求速度、只看得到文字表面，相當膚淺的閱讀方式。

但實際上在速讀時，讀者為了發揮資料庫的力量，需要全力投入自己的感情、身心，是一種相當深入的閱讀方式。

因此，與以往的閱讀方法比較起來，速讀更能使讀者沈浸在書中世界，仔細品味內涵。

◎秘訣在於「審視正在閱讀書本的自己」

我以前曾在一個速讀網站看過這樣的說法。

「速讀並不只是在閱讀一本書，而是審視正在閱讀這本書的自己」。

當時我還不太瞭解這句話想表達什麼，不過現在的我卻認為這就是速讀的秘訣。

所謂「審視正在閱讀書本的自己」，是指在閱讀時，意識到自己與書本之間的共鳴，並善加利用。

大多數的速讀教學，為了提高閱讀的集中力，會要求學生用腹式呼吸法控制呼吸，並接受控制身體姿勢的訓練。

然而，速讀時真正重要的，是保持自己在易於與書本共鳴的狀態，並掌握共鳴的效果。

在與書本產生共鳴時，要避免思考被書拉著走。舉例來說，就像是節奏分明響亮的太鼓，讓自己在放鬆狀態也能集中精神。

其實要進入「與書共鳴」的狀態，不需要經過任何特別訓練。重覆閱讀同一本書，便能自然而然地達到這種境界。這是因為你使用高速大量循環技巧閱讀，在訓練集中力的同時愈來愈熟悉內容，並逐漸習慣書中出現的句子及段落。

◎速讀的缺點同樣潛藏在資料庫中

所以說，不管是雪球速讀法，還是以往的速讀法，速讀這種閱讀方式的本質，就是積極利用資料庫的高效率閱讀方式。然而，正因如此，存在著一個缺點。

積極運用資料庫，換個角度來看，可說是相當依賴資料庫的閱讀方式。依照不同讀者所擁有的資料庫差異，閱讀速度以及理解程度也會有相當大的差別。與自己所擁有的資料庫關係密切的內容，雖然較容易吸收，卻也可能會自認為已經理解內容而草草看過。

「只學一陣子速讀，就能在十分鐘內讀完！」

「我只是啪拉啪拉的一直翻頁而已，卻能夠看懂！」

當讀者認為自己「有讀完」、「有看懂」，多數情形下，讀者所讀的其實是早已知道、早已明白的知識。

正因如此，進行速讀的時候，必需意識到「我正在利用以往的資料庫，才有辦法讀那麼快」，並且要重覆閱讀，持續累積新的資料庫，以求對書中內容有新的見解。

不過，仔細研究最近流行的速讀法便會發現，能夠順利速讀是因為有資料庫的「貢獻」，但這些速讀法卻刻意忽視讀者以往累積的資料庫，只在乎讀者能不能「輕鬆」或者「愉快」地閱讀。

◎商務最愛的「輕鬆速讀法」

在第一章我們曾經介紹，傳統的速讀教學是訓練視點移動、訓練閱讀符號等，著重於眼球以及專注力的訓練。

也許因為許多人在這種單調又嚴肅的訓練方式下，產生很大的挫折感，近幾年來，各種標榜不需經過訓練就能學會速讀的「輕鬆速讀法」，人氣逐漸提升。

其中之一便是經營管理顧問——神田昌典先生自美國引進的「影像閱讀法（Photo Reading）」。此外，經濟評論家——勝間和代女士實際使用影像閱讀法並寫下評論，也造成一大話題。

還有一種是由企業經營者本田直之先生，所開創並介紹的閱讀方式「槓桿閱讀術（Leverage Reading）」。這是引用商業的觀念，將閱讀看作一種槓桿投資行為，用最小的投資得到最大成果的閱讀方式。

影像閱讀法提供一套為期兩天的密集課程，但幾乎不會出現以往速讀法中的「訓練」要素，如操縱眼球的方式、姿勢等等。是一個不執著於細節，讓讀者能帶著期待又興奮的心情學習的課程。

至於槓桿閱讀術，也在一開始就表明，這種方式與訓練眼球操縱等傳統速讀法不同，而是定位成一種不使用速讀技巧的「多讀法」，不需要任何特殊課程或討論會。

由經營管理顧問、企業經營者等商業領域人物，所發展出的這兩種速讀法，幾乎不需要以往速讀法中必經的漫長訓練，便能馬上應用，因此，每天追逐著大量情報的商務人士，都相當支持這種「輕鬆速讀法」。

◎別被「輕鬆速讀法」誤導

稍後將會詳細說明這兩種速讀法，不過目前我們就可看出，這兩種方法之所以能夠做到「輕鬆速讀」，都是因為活用資料庫的關係。

然而，若是對利用資料庫這件事沒有自覺，只注意到讀得很「愉快」，容易忽視速讀這件事的基礎，而且會逐漸偏離「閱讀」的本質。

若對速讀沒有正確認知，具體而言，會造成以下結果。

- 「誤導讀者的速讀法」會使讀者「自認為已經明白」書中所有內容
- 「檢索速讀」會使讀者只想從書本中找到自己想看的資訊

下一節將會提到，為何「輕鬆」的速讀方法會走向上述這兩條路？又該怎麼做，才能跨過這層障礙，達到真正的速讀？我將會具體說明。

藉由接下來的說明，你也能學會真正的速讀，並找出正確利用其它速讀方法的途徑。

10 速讀與大腦的運作模式

◎以極端方式下載資訊的影像閱讀法

現在日本最有名的速讀法，應該就是「影像閱讀法」。這種速讀法的解說書，《十倍速影像閱讀法》（保羅・席利／著）於二〇〇一年在日本翻譯出版，當時是賣了數十萬本的暢銷書。

所謂的「影像閱讀法」，顧名思義，這種閱讀方法的賣點，就是把書的內容看作「影像」，也就是一張張「照片」，「拍下來後存在腦海中」。解說書內的說明如下。

「藉由『影像閱讀法』，你可以將書上印的內容拍下來存在腦海中，如同底片一般，每一頁的圖文都能一目了然。」

這種「拍下來存在腦海中」的閱讀方式，要求讀者以一秒看一頁的節奏，迅速翻動頁面。不把目光聚焦在文字，而是像發呆一樣，從上方俯瞰攤開的頁面。不讓自己「意識」到在讀書，在不知不覺中處理視覺資訊，使大腦在無意間將龐大的資料印在腦海。

這種做法正是我在本章一開始就提到的「下載」。

「用這種閱讀方式，真的有辦法將書本內的所有資訊都下載下來嗎？」

雖然會有許多人會這麼想，但其實，這樣的疑慮在影像閱讀法中本來就不存在。這是因為，影像閱讀法繞過「意識到自己在讀書」的步驟。提倡影像閱讀法的人認為，即使大腦沒有刻意去下載書中的資訊，也會在無意間將這些資訊印在腦海中。因為不以下載為目的，因此這樣的疑問一開始便不存在。

「雖然這種方法沒有刻意下載書中資訊，但也別認為這樣就學不到任何內容。如果這麼想，就真的學不到任何書中的知識」，這是《十倍速影像閱讀法》書中所做的說明。

簡單來說，這種方法認為讀者「要相信自己，就能辦到」。雖然我也很想相信這種說法，但要注意，這這方法可能會使讀者「自以為瞭解」正在讀的書籍，是一種容易「誤導讀者的速讀法」。

◎雪球速讀法 vs 影像閱讀法

在說明為什麼這種速讀法會「使人產生誤解」之前，先讓我們稍微解說一下影像閱讀法是什麼樣的東西。

剛才所介紹的「印在腦海中」的這個動作，其實只是整套閱讀方法的其中一個步驟。而整套方法是由五個步驟所構成。

影像閱讀法的第一個步驟是「準備」，在這個步驟中，需明確瞭解讀這本書的目的，並集中精神以準備開始閱讀。接著，第二個步驟「預習」，此時要閱讀目錄等部分。

第三個步驟就是「影像閱讀」，第四、第五個步驟則分別是「活化」以及「高速閱讀」，此時要重新看一遍目錄，以確認關鍵字的意義。接著再利用各種聽起來很神奇的閱讀方式，像是Super Reading、快速Reading等，把內容重複看好幾遍。

可能很多人會這麼想：

「使用影像閱讀法之後，書中內容應該都已經印在腦海裡，為什麼還要重複看好幾遍呢？」

事實上，若想從印在腦海裡的內容提取出我們想要的資訊，需要將這些內

影像閱讀法的順序

①

為使讀這本書的目的更加明確，需藉由閱讀目錄的方式預習內容，做好準備

②

在復習的階段，為求融會貫通，需重覆閱讀目錄以及關鍵字

③

為了「將書中資訊印在腦海」，需一頁頁俯瞰整體內容

④

利用各種閱讀技巧，迅速並重覆閱讀

影像閱讀法中，重覆閱讀的步驟是為了從直接下載到腦海裡的影像，引出我們想要的資訊

容分類，並理清脈絡，因此要把同一本書重複看好幾次。**也就是說，讀者並不是為了要累積新的資料庫而重複看同一本書，是為了從印在腦海的內容中提取出需要的資訊。**

「影像閱讀法也需要重複閱讀好幾遍」，得知這件事，你是否覺得「影像閱讀法和高速大量循環技巧很像」。的確，若除去「將內容印在腦海中」這個影像閱讀法的步驟，看起來和就像拿掉「大量」之後的「高速循環」技巧。

雖然兩種方法都要重覆閱讀，不過，在高速大量循環技巧中，重覆閱讀是為了慢慢累積資料庫；但在影像閱讀法中，重覆閱讀卻是為了從已經印在腦海的內容中，提取出想要的資訊。這其中的差別，便會造成讀者「自以為瞭解」書中內容，因此才說這是一種「誤導讀者的速讀法」。

◎我在影像閱讀法課程的所見所聞

大約八年前，我曾去參加影像閱讀法的課程，以下便是我由那次經驗中得到的想法。

在那次課程的最後，為檢驗課程的成果做了一次演練，我們被要求在短時間內讀完一本書，並理解內容。

於是，有許多人在讀完之後這麼說：「雖然這本書很厚，而且文字量相當多，但其實這本書想講的內容並不多」、「關於這本書的內容，我已經完全瞭解了」，**學生們滿臉得意地這麼說，講師們也點頭同意，但這種帶有強烈違和感的氣氛，令我印象深刻。**

當然，這位同學所敘述的內容，的確是這本書想傳達的其中一部份概念。然而，對讀者來說，這只是基於讀者自己的知識以及經驗，在有辦法理解的範圍內所理解到的內容。在閱讀時必須時時提醒自己這一點。

若沒有注意到這點而「自以為瞭解」書中全部的內容，別說是速讀，連一般的閱讀都稱不上。

◎「誤導讀者的速讀法」是如何形成？

然而，先不管影像閱讀法有多少實際的效果，假設讀者只要將這本書包含的所有資訊全部瞄過一眼，便能將內容「印在腦海裡」，那麼進行影像閱讀法之後，讀者便可能會「自以為瞭解」書中內容。

事實上，在讀一本書之前，如果閱讀過許多相關書籍，累積許多資料庫，便能迅速讀完這本書，也能明白書中內容。舉例來說，熟悉憲法的人在讀民法或其他法條的時候，可以讀得比別人還要快。若能重覆閱讀，還能進一步提升速度，且更能正確理解內容。

但對一個知識量不足，或缺乏讀書經驗的人來說，就會束手無策。另外，即使是有一定讀書經驗的人，碰到不熟悉的書籍，或者是過於艱澀的書籍，若只是用影像閱讀法的方式重覆看幾遍，也只能理解一些表面的概念。

而且，可能會有人憑著自己擁有的知識，用自己的方式理解內容，進而得到跳躍式的結論。這是因為他們認定自己已經「下載完畢」書中所有資訊，才會誤以為自己「已經理解所有內容」。

另外，既然這類速讀教室打著宣傳口號「讓看書速度變成現在的十倍」，在教學方向上，就必須讓學生認定「在一定時間內可以理解的部分、可以識別的部分，便是這本書的所有內容」。

然而，一味追求速度，最後只會偏離閱讀的本質，走向投機取巧的偏路。若習慣這種速讀方式，可能會導致讀者只想閱讀那些自己有辦法速讀的書籍。也就是只讀那些自己已經知道內容的書、內容很簡單的書、讀起來很容易的書，避免去讀那些困難、艱澀的書，或是那些需要讀者自我思考的書。

◎理解與誤解只有一線之隔

資料庫在幫助理解的同時，也容易讓人產生誤解。為了讓讀者容易明白，以下將以對話取代閱讀作為例子來說明。

請先看看下一頁的圖，這張圖敘述兩個人對話時，心中分別想到什麼東西。

小明說「前幾天我去了夏威夷」，聽眾小華為了理解這句話的意思，會將自己所擁有的與夏威夷相關的知識、經驗等資料庫翻出來，以嘗試理解對方想表達的意思。

這時，如果小華有去過夏威夷的經驗，可能會回想起那時的記憶，或者也可能會想到在電視上看到的畫面，以及雜誌、書籍上所看到的夏威夷照片。

這些在小華大腦中浮現出的東西，與說出「前幾天我去了夏威夷」的小明，在說出這句話時，大腦所浮現出的情景或記憶會是一樣的嗎？

當然，幾乎不可能會完全一樣。雖然都屬於夏威夷，但從歐胡島到夏威夷島之間有許多島嶼，每個地方也各有特色，每個人想到的場景也會不同。

即使如此，由不同人由各自的資料庫也能分別理解談話的內容，使彼此間的對話成立。

所以，在談話時也需注意到「彼此之間可能有誤解，或者是會錯意的地

同一句話，在不同人腦中的印象卻不同

「去夏威夷海灘衝浪的人」與
「去夏威夷商業區工作的人」，
聽到同一句「夏威夷」，
可能會在大腦中產生
完全不同的印象

方」。若不這麼做，聽者會「自以為瞭解」對方說的話，如此一來，不但無法理解對方真正的經驗，還會產生意想不到的誤會。

許多善於傾聽的人會特別注意這點。他們會時時確認自己既有的資料庫，與對方說的話能不能對上。一邊將自己的資料庫與對方所說互相對照，一邊修正彼此想法的差異，便能夠從談話中問出更多資訊。

速讀也是一樣，在活用資料庫以理解書中內容時，請小心別「自以為瞭解」書中內容。

若一個人「自以為瞭解」書中內容，便不會再關心內容的意義。對書本的好奇心變少，就不會想再累積新的資料庫。所以在閱讀的時候，對書中文章的背景要時常保持好奇心。

◎影像閱讀法同樣要活用資料庫

只要看一眼，便能將書中所有資訊直接下載到大腦內。聽起來相當吸引人，也能理解為什麼有很多人會希望這是真的。

「影像閱讀法是藉由與生俱來的大腦潛力，在意識到自己閱讀的內容之前，便能處理閱讀的資訊。若你能夠不被既定概念束縛，相信自己的大腦有無限潛力，『影像閱讀法』將能為你的學習能力帶來一場革命」。以上摘自《十倍速影像閱讀法》一書。

我抱著「如果真的辦得到」的期待心情，買下這本書，並且去上相關課程。雖然上過課程後，我也做得到這種速讀法，但總覺得無法感受到將書上的內容直接印在腦海中的效果。

我反而覺得，能夠用影像閱讀法閱讀的人，應該是藉著自己本身就擁有的資料庫，或者是重覆閱讀這本書而得到的資料庫，逐漸理解這本書的內容。

提倡影像速讀法的人，會用右腦、腦中形成影像、或者是潛意識等腦科學用語，來說明這種速讀法的原理。聽著聽著，不知不覺會讓人信以為真。不過在聽到這樣的說明時要特別注意。

◎「重覆操作」以及「失敗」，能加深理解與記憶

日本東京大學進行腦科學研究的池谷裕二博士認為，由腦科學研究的角度來看，記憶是由「失敗」以及「重覆操作」所形成，並加以強化的。

只看過一次，不可能馬上理解並記住。

此外，這幾年來，電腦已成為我們生活的一部份。雖然電腦和大腦的運作模式看起來很像，但池谷博士認為人的大腦和電腦是完全不同的東西。

「電腦只要讀取一遍就能夠完全記住，而且只會記得完整的正確答案，人的大腦卻不是這樣。大腦在想出正確答案時，一定需要經過試誤學習的步驟。失敗之後，再以此為基礎，思考下一步該怎麼做，然後再一次失敗……這便是大腦的狀況」，這是池谷博士在《提高記憶力》（講談社出版）書中所說。

因此，由目前的腦科學對大腦的認識，我們可以瞭解到，與「只讀一遍就想完全理解書中內容」相比，重覆閱讀好幾遍的雪球速讀法比較符合常理。

而且，雪球速讀法中，高速大量循環技巧要求讀者要先掌握目錄以及標題等大綱，再逐漸往細節抽絲剝繭，這完全符合大腦的運作模式。

池谷博士近一步指出：「若無法區別兩個相差程度大的概念，便不可能區分出兩個相差程度小的概念。因此，如果想知道各個細節間有何不同，就要先掌握並理解大方向的概念」。

事實上，你從以前到現在的學習經驗，應該也是藉由重覆練習以及試誤學習來理解並記憶。

而且，在理解或記憶一段內容的時候，比起一開始就強記那些枝微末節，**先大略看過大綱，再逐漸往細節邁進的作法會容易上手許多。**

換句話說，大略地看，並一直重覆地看，且愈看愈細，這種閱讀方式較容易被大腦接受。

◎真正具有實用價值的速讀

有許多學習影像閱讀法的人在學習過程中會表示「無法理解影像閱讀法這個步驟的意義，所以辨不到」，卻在學成之後，感受到這種方法的衝擊性，並說「影像閱讀法讓我跳脫出以往閱讀習慣的框架」。

「閱讀時非得一字一句讀過。」

「閱讀時要從第一個字讀到最後一個字。」

從這種傳統閱讀法的束縛中解放之後，**學習影像閱讀法的人們便能夠習得「真正具有實用價值的速讀」**。除了影像閱讀法以外，Dipping、Skimming、

Skittering、Super Reading、快速 Reading 等各種閱讀方式，也能作為雪球速讀法的其中一個步驟加以活用。

請別太看重影像閱讀法所提到「把內容印在腦海中」的效果，請把它當作一種可以接近書籍的閱讀方式。

不去期待能快速下載書中內容，而是將焦點放在累積資料庫，高速大量循環地閱讀一本書，便不會產生「怎麼學不會影像閱讀法？」這樣的迷惑，順利達到速讀的目標。

11 什麼是槓桿閱讀法

◎閱讀時不應該「帶有目的」嗎

影像閱讀法譯本出版的五年後，本田直之的《槓桿閱讀法》（東洋經濟新報社出版）一書也在二〇〇六年出版。

這本書所介紹的速讀方法，是將閱讀視為一種投資活動。在閱讀時，需像做生意一樣，將「需投資的成本與可獲得的報酬」納入考量。最後找出可以用最少的投資，獲得最大報酬的閱讀方式。

這種速讀法最重要的地方便是在閱讀時，要明確瞭解閱讀這本書的目的，並仔細計算可以獲得的成果。並且為了讓自己能達到那樣的成果，用最短路徑前進。

說得更具體一些，在這種閱讀方法中，讀者只選擇能幫助自己達到目的的段落，並用最快的速度讀完，其他部分則捨棄不去閱讀。

對第一次聽到的人來說，這真是一個讓人瞠目結舌的神奇方法。以往閱讀時，讀者會把書本看做比自己還崇高的東西，現在卻要讀者自行決定「閱讀書籍的目的」，能接受這個想法的人其實為數不多。

剛才所介紹的影像閱讀法，同樣會在一開始要求讀者「明確瞭解閱讀這本書的目的」，這個想法對於初次接觸的人來說，是非常具有衝擊性，且實用的嶄新觀念。

「知道可以自行決定閱讀書籍的目的，覺得閱讀變得更自由自在。」

閱讀的主導權一直一來都被書本掌握，這種閱讀方式可讓讀者重新奪回主導權。

而且，若將閱讀視為一種投資活動，考慮「需投資的成本與可獲得的報酬，以最大化報酬率」，這是很合理的想法。若想這麼做，需明確瞭解閱讀這本書的目的，並且要知道達成這個目的需要哪些必要的東西，捨棄掉其他不必要的部分。

然而，「一開始便決定讀這本書的目的」乍聽之下很合理，但如果做得太過頭，反而會讓閱讀的報酬率下降。

◎為什麼不能帶著目的閱讀

舉例來說，你讀這本書的目的是什麼呢？

「想知道真正具有實用價值的速讀該怎麼做。」

「想知道能迅速讀完一本書的技巧。」

可能會有細微的差異，但我想各位應該是抱著類似的目的拿起這本書。

那麼，要在最短時間內達到這個目的，該使用什麼方法閱讀呢？

我想，大多數人會從目錄和標題中，找出與自己的目的相關的文句或關鍵字，再快速瀏覽本文，尋找關鍵字，找到之後，再把含有關鍵字的段落及其前後文章讀過。

這和你平常用電腦或智慧型手機的習慣是不是很像？

沒錯，這正是你在檢索時的樣子。

首先找出你閱讀這本書的目的。若想在最短時間內達成這個目的，便要從這本書，或者說是這本資料庫中，以某個關鍵字檢索，尋找你要的部分。這種閱讀方式大致上就是這種感覺。

若將傳統的閱讀方式比喻成將全文下載到腦中，這種速讀法的概念就像是搜尋本文中必要的部分，並且只把這幾個部分的文字下載下來。因此這種速讀法可以讀得更快，讀得更多。

「檢索必要的部分有什麼不對嗎？」

「我想知道的只有某些實用方法和技巧而已。」

一定會有人這麼想。

當然，檢索這個動作沒什麼不對。在查詢字典或百科全書的時候，就是在做檢索這個動作。如果只是單純想得到某樣東西的資訊，檢索是很合適的作法。

但是，閱讀和檢索完全是兩回事。即使查到某些方法或技巧，在大多數情況下，只知道敘述這些方法與技巧的文字，仍無法正確應用。

◎念再多書也無法實踐利用

譬如說，如果讀者拿起這本書來讀的目的是「想知道迅速閱讀一本書的技巧」，想必會被「重覆閱讀好幾遍」，或者是講解速讀技巧所提到的「閱讀時不轉換成聲音」、「閱讀時不求甚解」等方式吸引。

然而，只看過這些段落就有辦法學會速讀嗎？這是不可能的。

不只是方法，還要從「速讀」以及「閱讀」的角度分別思考，再瞭解我是如何一步一步建立起雪球速讀法。明白這整個過程之後，才有辦法理解雪球速讀法中，「高速」與「大量循環」每個步驟的意義，也才能確實達到這個方法的效果。

不僅是速讀，以業務、行銷、管理等為基礎的商業知識，以及其他實用技能、方法，都是一樣的概念。

若只是表面上讀過書本中介紹方法、技能等部分內文，並且只挑自己想看的部分看，在學習時常常會窒礙難行。

而且，如果讀者沒辦法轉換自己看待問題的角度以及觀點，便無法得知這本書所提示重點的重要性，原本看這本書可以學到的東西，反而學不到精髓。

會造成這種偏差，是因為對閱讀有所誤解，以為我們是在腦中一片空白的情況下閱讀，但事實上，我們是利用「既有的資料庫」來閱讀書籍。

在閱讀的時候，必須活用自己原本具備的資料庫，並藉由獲得新知識、新想法、新觀點，使資料庫產生變化。若一開始就訂定「閱讀這本書的目的」，無疑是把自己限制在一個框架中。

用檢索速讀的方式，即使讀得再迅速，自認為「讀完」大量書籍，事實上可能產生很嚴重的偏差。

別說是要拓展自我限制的框架（看待事物的方法、思考模式、價值觀等），連自己都有被這個框架綁住的危險。也容易變成「誤導讀者的速讀法」。

若你是因為看上檢索速讀的效率而用這種方法速讀，在目的是檢索的情況下，與其閱讀書籍，不如直接在網路上搜尋還比較迅速且有效率。

◎訂定正確的速讀目標

正因為在這個時代，檢索資訊相當便利，我們更應該要追求與檢索概念完全不同的閱讀方式。

基於這一點，大約在三十年前，隨著高度資訊化時代的到來，各式各樣的資訊逐漸增加，日本經濟學者內田義彥先生認為，這種「只為了找尋資訊而閱讀必要的部分」，也就是「只是在查資料」的閱讀方式，將愈來愈不合時宜，因此提出了以下的閱讀方式。

內田先生說：「如果有辦法改變閱讀新資訊的眼光、改變接收資訊的方法；改變判斷這項資訊對我們有益或是有害的方法，甚至連『活著的方式』也加以改變。要是改壞就再重新塑造一個。即使無法得到更為新奇的資訊，也能讓以前便熟悉的事物，呈現富有新鮮感的樣子，進入你我的生活，圍繞在我們身邊。這將會是下個時代的『閱讀』方式」。

隨著資訊化時代逐漸發展，在這個任何人都能夠連結巨量資訊的網路時代，只是單純擁有資訊或知識，已無法被他人重視。

「年輕女孩與老婆婆」的錯覺圖

依照觀看者的不同，年輕女孩的下巴在另一個人的眼中可能是老婆婆的鼻子，年輕女孩脖子上的項鍊在另一個人的眼中可能是老婆婆的嘴巴

改變「閱讀新資訊時的目光」，也就是改變看待事情的觀點。擁有多樣化的視角，以各種角度閱讀資訊，可以產生各種附加價值，這點相當重要。

為了方便解說各式各樣的資訊來源、看待事物的眼光，以及理解多樣化視角的重要性，請你觀察上頁的圖。

也許有人看過這樣的圖，這種圖又稱作「錯覺圖」。不同人從這張圖上，可能會看到不一樣的東西。

在這張畫中，可能會看到「老婆婆」或「年輕女孩」兩種圖樣。構成這張畫的線條、形狀等等，就像是書中各式各樣的資訊、知識。將所有資訊結合起來，讀者所看到的整體情形，也就是「老婆婆」或「年輕女孩」，代表的是閱讀資訊時的眼光、視角。

當你要閱讀某本書籍，一開始會先以自己的資料庫做為基準，用自己以往的觀點閱讀這本書。

假設讀者一開始便認定「這本書是在描繪老婆婆」，便會用這樣的角度去看這本書。而且，即使一開始完全不曉得這是本什麼樣的書，也會逐漸朝著

「描繪老婆婆的書」這個方向思考，最後仍是用這樣的觀點閱讀這本書。

無論如何，一旦確立「老婆婆」的觀點，便會穿鑿附會賦予每個資訊各式各樣的意義。若一直維持著「老婆婆」的觀點，便不會發現「年輕女孩」這個觀點，對於各個資訊的意義或重要性的理解也會僵化。

所謂的閱讀，是大膽的將自己所擁有的「老婆婆」觀點先放在一邊，從作者的觀點，也就是「年輕女孩」的觀點切入。如此一來，不論是「老婆婆」的觀點還是「年輕女孩」的觀點，讀者都有辦法善加利用，用不同方式理解書中內容。

◎如何迅速進入作者構築的世界

日本腦功能學者苫米地英人先生以這張「錯覺圖」為例，用以下的文字說明，若想真正理解一本書的內容，「一定要重覆閱讀這本書」。

「第一次閱讀時，會因為事前處理（preprocessing）的關係，看到『老婆婆』的樣子。

第二次閱讀時，會看到『年輕女孩』的樣子。

第三次閱讀時，便能認知到『老婆婆』以及『年輕女孩』併存，在這種認知下閱讀這本書。

這才是真正的閱讀。」（《讓頭腦變好的速讀腦》PHP文庫出版）

即使「自以為明白」書中內容，事實上也只是藉由「老婆婆」的觀點閱讀而已。

關於這點，在雪球速讀法中，進入本文之前，要先高速大量循環閱讀目錄、前言，以及後記等部分。這種做法不只能有效的累積與這本書相關的資料庫，也能從作者的角度理解這本書的內容，是進入作者構築世界的捷徑。

在目錄中，可以看出作者針對不同主題，是以什麼樣的觀點切入。在前言、後記中，則將作者心中真正的想法如實呈現。

先將目錄、前言、後記等部分用「高速大量循環」技巧讀過，便能迅速進入作者所構築的世界。用剛才的例子來說，便是能以最快速度理解另一個「年輕女孩」的觀點。

運用檢索速讀法的時候，即使讀者一開始閱讀的也是目錄、前言、後記，但因為在閱讀最初便認定自己的目的，而且只搜尋能夠達到這個目的的段落閱讀，那麼別說是進入作者構築的世界，讀者只會被限制在自己的世界，以「老婆婆」的觀點看待書中內容。

綜上所述，閱讀書籍時，自己以往所累積的資料庫會成為理解書中內容的助力，同時，也可能會引起誤會。用「錯覺圖」來解釋，若「老婆婆」的左眼代表某項知識，但讀者「自以為明白」這項知識，便不會發現其實這個部分也可以是「年輕女孩」的左耳。

◎閱讀的真正樂趣

若能夠先放下自己原本的觀點，以其他觀點切入一本書，那麼，原本閱讀這本書的目的就有可能改變。

比起達成一開始所設立的閱讀目標，其實，這個目標本身的變化，以及發現其他預期以外的事物，才是閱讀真正的樂趣。

並不是要讀者像在查詢辭典或歷史記錄那樣，只找出自己想知道的東西去閱讀，而是以「不知道閱讀時會發生什麼事，真期待」、「今天能有什麼收穫呢？」這樣的態度閱讀，才能夠真正進入閱讀的世界。而且，就結果來說，這種方式才能改變讀者本身，使讀者更有可能獲得豐碩的報酬。

松岡正剛先生把這種概念解釋為「想被書本綁走」。

「這就像是『想被書本綁走』的感覺，也可以說是『想被陌生人牽著走』。要是沒有這樣的感覺，讀書就只是件平淡無趣的事。這一點不論再講幾遍也不嫌多，即使我們被書本綁走也無所謂，即使因此在茫茫書海中迷路也沒關係。若其他人提出搜索我們的要求，那正如我們所願（笑）。」

另外，日本神戶女學院大學的名譽教授，內田樹先生在他的著作《街場的教育論》中，說明「閱讀」不僅僅是閱讀，而是在「學習」之後，讓自己「被卷入書中世界」。

「所謂的『學習』，指的是讓自己接受那些『高高在上者』的呼喚，接近原本無法理解的領域，並使自己被他們的『遊戲』卷入。為了達到『被卷入（involvement）』的目的，必須先瞭解到自己原本價值判斷的『標準』，很可能無法理解遊戲內容。要是緊緊守著自己的『標準』，把它看得比自己的生命還重要，那麼永遠也無法超越自己所畫下的界限。」

內田先生所說的「標準」，意思就是在閱讀一本書之前，便認定閱讀這本書的「目的」。**某些時候，正是為了要放下原本的「目的」，才會去閱讀書籍。**

這樣應該更能體會到，若使用檢索速讀法，一直執著於一開始所設定的目的，是件多麼可惜的事情。

◎從閱讀到檢索、再從檢索到閱讀

現今，使用 Google 網站進行網路搜尋，常被簡稱為「拜谷歌大神」，這已成為我們日常生活的一部份。此外，由於智慧型手機的普及，檢索功能又更加滲透進我們的生活。

我也一樣，若看到某個不曾見過的東西，「咦？」一聲之後，馬上就拿起手邊的手機來搜尋，這已經成為我的習慣。檢索這件事正逐漸成為我們生活中的基本動作之一。而閱讀也開始加入檢索的概念，誕生「檢索速讀」這種新型態的速讀方法。

最近，Google似乎是想讓這個世界變得更有趣，還推出了電子化書籍的搜尋服務，讓本文也成為檢索的對象。雖然目前只能搜尋部分書籍，但「Google Books」確實辦到這一點。

網路與智慧型手機的普及，再加上電子書的發展，也許「閱讀」書籍這件事會逐漸轉變成「檢索」書籍。

然而，就像之前所介紹的檢索速讀一樣，若只是單純的檢索，便只能獲得表面的知識，且無法累積新的資料庫。若是習慣用檢索的方式閱讀，速讀能力甚至閱讀能力都有下降的危險。

若想進入作者所構築的世界，就不能只解讀表面的資訊，而是要下意識的改變「閱讀資訊時的觀點」，這對速讀來說相當重要。

在我們試著區分閱讀與檢索這兩件事情的時候，也必須瞭解如何從檢索連結到閱讀。

譬如說，想要調查某件事的時候，不能只是單純的在網路上搜尋相關資訊，也要從相關的書籍中檢索。想要的資訊常會與一些書籍有所連結。

能夠搜尋到的書籍，並非一定要買下來。

現在的網路書店，都會公開書籍的目錄、前言、後記等資訊。另外，讀者也能在書評網站上，從各式各樣的角度得知這本書的大略內容。讀者可以先用雪球速讀法來閱讀這些被濃縮後的資訊。

閱讀這些資訊時，除了能累積資料庫，也會對許多書的本文產生興趣，使速讀能力逐漸提升。

我們身處於網路時代，檢索這件事相當便利，且貼近我們的生活。正因如此，想辦法發揮閱讀以及速讀的本質，連結檢索與閱讀之間的橋樑，才能夠打造出真正派得上用場的速讀能力。

第 5 章

速讀增加
人與書相遇的美好

12 感性速讀才能真正提高閱讀速度

◎困難的書就用「積讀」

積讀是指把想閱讀的書先堆積著，擺在一邊，想要看時再拿起來閱讀。

雪球速讀法是以資料庫為賣點，介紹如何有效率累積資料庫，「高速」並「大量循環」的速讀方式。以此方法，不僅是簡單易讀的書，連困難的書，甚至未知領域的書都能速讀。此外，那些因為太厚至今連翻都不想翻的書，用這種方法同樣能輕鬆閱讀。

雖然這麼說，也有一些專業書籍光是目錄、前言、後記就有相當多的份量，詞彙不易理解、連稍微瀏覽的意願都欠奉。

像這種狀況，「首先從入門書開始，漸漸累積資料庫」是一種方法，但是僅靠這種方法也有許多缺點。原因在於，要是養成從入門書開始讀的習慣，最後可能就只光讀那些簡單易懂的書，不管再怎麼累積資料庫，也無法閱讀較困難的書。

如果有本書是你的最終目標，即使沒辦法馬上大量循環地讀過目錄及本文，也要試著去挑戰它，而「積讀」就是在這種情況下推薦的方法。

也就是說，**首先把閱讀範圍限制在書名及副書名，每天看個幾遍**。只看書名和副書名，一天內有足夠時間看好幾次。把書放顯眼的地方，每天就會有不少機會不經意地瞄到書背。

因為是簡短的句子或是文字，自然而然能做到「閱讀時不轉換成聲音」、「閱讀時不求甚解」等閱讀技巧，一下子便能重覆閱讀好幾遍，很快的就記住內容。

此外，日常生活中空閒的那些時間，即使只有幾秒，也要試著去回想書名和副書名。回憶書名時，可以讓記憶更加的穩固，對於那本書也會愈來愈熟悉。接著，你會發現自己對於那本書愈來愈感興趣，甚至會出現想要快點打開書開始閱讀的衝動。

積讀可以讓讀者接近那些平時會避開不去閱讀的書籍，不過要注意，對速讀產生興趣的契機，也可能會在不知不覺中抹煞掉積讀的狀態。

但如果能夠用積讀的方式，高速大量循環地閱讀書名及副書名，就能離速讀更近一步。

不妨把積讀想成是一個本來就存在的階段，一步一步接近那些難懂的書。

◎從快速重覆瀏覽標題開始

你在面對第一次見面的人、看起來不容易接近的人，以及自己不太認識的人的時候，是否能快速進入較為深入的談話呢？

人與人的來往，一般從簡單的打招呼開始，漸漸互相交換意見，接著才會進入更成熟的對話模式——透過這樣的過程，抱持興趣，漸漸地去理解對方，

正確的積讀與無效的積讀

正確的積讀

①把書堆積成看得到標題的樣子

書本能吸引視線

②平時
想到標題，也會引發對內容的好奇心

裡面到底在寫
什麼呢？

③回家後

不經意從中抽一
本來閱讀

無效的積讀

①把書堆成看不到標題的樣子

書本無法吸引視線

②平時
對標題沒有印象，因此並不會想到標題，對內容提不起興趣

③回家後

從來不會把視線移向書本

是一種較為常見的模式。

同樣地，面對未知領域的書籍，剛開始閱讀的時候一定有抗拒感。這種時候就該讓積讀登場。**透過積讀，每天回想那本書好幾遍、好幾十遍，便能漸漸親近那本書，使一開始的距離感漸漸縮小。**

最後便會產生好奇「這到底是什麼書？」看到標題或書腰的時候也會思考「這是什麼東西？」、「到底寫些什麼？」

像這樣享受過程的樂趣，再逐漸深入書籍的內容就好。

◎善用零碎時間

「積讀只是在浪費時間。」

「這不是和速讀完全相反的方法嗎？」

也許你會這麼想。但事實上，積讀是一種能夠非常有效利用時間的速讀方式。

積讀的時候，實際上用在閱讀的時間幾乎是零。不過是瞄一眼標題，會需要花多少時間呢？大概只要幾秒就夠了，需要的時間就是這麼少。

然而，若真的能確實做到積讀，便能利用這短短幾秒，讓這本書的封面以及標題逐漸留存在記憶中。一天之內可能會想起數次這本書，也可能會想起數十次，於是便逐漸想知道這本書的內容。

積讀能有效利用這種連零碎時間都稱不上的短暫數秒。持續這麼做，便會逐漸對這本書產生興趣，對這本書的好奇心油然而生，使你與書本的距離靠得更近。

如此一來，看過標題之後，目錄、前言、後記，最後是本文，讀者就能照這個步驟一步步閱讀下去。換句話說，積讀可說是雪球速讀法的入口。

第三章介紹三十分鐘內速讀完畢的步驟。而積讀則正好相反，是將這些步驟分別切成許多細碎的部分，每天一點一點地把進度往前推。

這麼做看起來好像會花很多時間，但實際上只要利用零碎的時間，即使是非常忙碌也能使用。

◎思考這樣的速讀是否能讓自己成長

我想把積讀這種方法推薦給那些不太擅長閱讀，或者是不喜歡書本的人。這種方法對他們來說也能夠輕易辦到。由這種閱讀方式開始累積資料庫，讓自己逐漸熟悉書本或閱讀，再試著練習三十分鐘內讀完的高速大量循環技巧，這麼一來便有辦法達到迅速閱讀大量書籍的目標。

事實上，在拙作《速讀學習法》中，就有介紹到這種積讀方式，「本來覺得讀不太懂的書，不知不覺中就能看完」、「堆成像山一樣的書本一下子就減少許多」，從讀者口中得到許多不錯的評語。

也許會有人覺得意外，但請先試試看這種方法。

當然，沒有必要勉強自己去積讀，若是能輕鬆以雪球速讀法，高速大量循環地閱讀書籍，用第三章介紹的步驟閱讀就好。

不過，「我從來沒積讀過」、「即使不積讀，也能很快把書看完」，會這麼想的人，很可能只讀自己讀得來，或者只讀自定框架中的書。

如果存在讓你想要積讀的書，正是你想挑戰各種不同書籍的證據。

譬如，在書店偶然看見談論哲學的書，原本想把它買下來，但一看內容比想像中還要困難，所以只能偶爾經過書架時翻來看看。雖然只是偶爾翻閱，卻使這本書逐漸在心裡留下印象。

即使是困難的書，或者是不熟悉的書，只要用「來試著讀讀看」的心態拿起來翻，便能夠超越自己原本設定的框架。閱讀以前不曾接觸過的書，是件有趣的事。

邊伸懶腰邊說「下次再來讀讀看」，或者是抱著好奇的心情想「雖然很困難，但想試著讀讀看」，都是自我成長的動力。

閱讀這件事的本質便是如此不是嗎？

用現實中的人際關係來比喻，不積讀的人，就像是只與自己認識的人來往，只去熟悉的場所。

而且，不積讀的人在閱讀時，很可能只會去看那些對自己來說必要的資訊，容易變成「檢索」的閱讀方式。

這樣就無法讓自己成長。

也就是說，「完全不積讀的人，便無法有所成長」。

◎電子書不適合積讀

因此，改變對積讀的看法，是改變速讀觀念的一大步，也是讓自己成長的契機。但是，有一類書籍很難用積讀的方式閱讀，那就是最近相當風行的電子書。

電子書並不是由實體紙張堆疊而成。若是把紙張裝訂成的書籍一一堆疊起來，一眼晃過去就能看到所有書籍的標題，但電子書沒辦法做到這種事。

另外，如果手上拿的是紙本的書，「先來看看目錄寫些什麼」想要這麼做時，可以馬上把手邊的書翻到目錄的部分開始閱讀。

但如果閱讀的是電子書，即使你是使用智慧型手機，也很難辦到這點。雖然有些人已經很習慣操作電子書，不過我想，要翻頁翻得比手上的紙本書還要流暢有點難。

雖然只差那麼一點時間，但就是因為這麼一點差異，使循環的次數減少，累積資料庫的速度就會大幅降低。

這種小差異累積起來，能變成相當龐大的差距。

在我家，到處都可以看到隨意堆放的書籍。當我一時興起，便能馬上從中挑出一本書來讀，即使我沒特別想看書，也會自然而然的將目光放在書籍上。

不曉得大家還記不記得，在閱讀的時候，書的標題與裝訂方式，都可能是「能否引起讀者興趣」的重要關鍵。

你可以想成閱讀是在「向書本打招呼」。若無法將目光與書對上，自然就不算打招呼。因為看到標題和封面，而對這本書產生興趣，喚起相關的記憶，於是拿起這本書來讀，這種事在我們周圍時常發生。

若是用逛書店的經驗來比喻，應該會更清楚。在逛書店的時候，一眼朝整排書架望過去，便會被標題或裝訂特殊的書籍吸引，無意間便拿起這本書，不知不覺買下來。

我想大多數的人都有過類似的經驗。與書本相遇、打招呼後，開始閱讀一本新書。

◎電子書缺點是不容易留下記憶

另外，積讀需要花的時間，不只是瀏覽書架上每本書標題的時間，或者是隨手拿起書來閱讀的時間。除這些之外，「想起這些標題與目錄內容」的時間也相當重要。

利用為數不多的零碎時間，回憶積讀的書籍，在這個反芻的過程中，對書的內容更能有效記憶，也能提高對這本書的好奇心。

積讀的時候，只是單純將書本堆積起來看，並沒有什麼意義，該重視是這

容易記住的紙本書籍

紙本書籍

· 有封面和書腰
· 每本書摸起來的感覺都不一樣
· 馬上就能拿到

↓

容易留下印象！

電子書

· 沒有封面和書腰
· 每本書摸起來的感覺都一樣
· 沒辦法馬上拿到

↓

難以留下印象

個「回想起內容」的部分。

然而，看電子書，即使想努力回憶，也很難想得到什麼東西，或者說是沒什麼「線索」。

若是閱讀紙本書，在回想起這個閱讀經驗時候，除了視覺，還會有其它的「線索」。譬如說拿起這本書時的感覺、這本書的厚度、重量，封面的觸感等等，這些都會成為記憶的入口，喚起閱讀這本書的經驗。

看到這裡大概已經有不少人猜到我想講什麼，人類並不只是視覺的動物，以觸覺作為「記憶的開關」並不少見。

閱讀電子書的時候，雖然有碰觸到電子裝置的過程，但不管是閱讀哪一本電子書，感覺都一樣；並不像紙本書籍是一本一本的獨立個體，彼此有所差異。

閱讀電子書就好像讓自己沉浸在一堆資料中，像是看到一堆無臉妖怪一樣，無法分辨出每本書的特徵。

因此電子書較難在腦中留下記憶，即使想喚起某些閱讀經驗，要想起閱讀時的情形也不是件容易的事。最後，實際上閱讀的時間會減少，使雪球速讀法難以進展。

我想，今後電子書的各項功能應該會逐漸進步。不過，如果沒有意識到電子書的缺點，回憶起閱讀經驗的次數便會在不知不覺中減少，使速讀能力大幅下降。請讀者務必注意。

◎「速讀」不等於「迅速讀完書」

本書的末章提出「積讀」這種和「速讀」聽起來完全相反的方法。然而，相信你已經知道速讀是一種相當依賴資料庫的方法，因此你也不難明白積讀和速讀是兩種關係密切的閱讀方式。

譬如說，實際上閱讀某本書所花的時間是十分鐘，還是三十分鐘，取決於以往的閱讀經驗中所累積的資料庫，與你過去的閱讀量息息相關。

然後，閱讀這本書，累積新的資料庫，並使舊的資料庫發生變化，這又會影響到未來的閱讀經驗。

因此閱讀並不是「一本十分鐘」、「一個晚上五本」這樣，將眼前書籍一股腦的塞進大腦的「資料處理」過程。

之前，我將積讀比喻成與人相遇的過程。這裡我要再強調，閱讀並不是「資料處理」，而是「與書的相遇」。

在相遇之前充滿著各種期待，在相遇之後、分開之後，也會想起各式各樣的回憶，進而對對方產生興趣，並開始試著關心對方，有許多問題想問等等。

在把某本書讀完一遍之後，若在平時生活中想到「那本書所寫的東西原來是這個意思」，也可能會覺得「說不定那本書中還寫了哪些提示」，然後重新閱讀這本書。因此讀者與書之間的來往會持續很長一段時間。

若只把閱讀當作「資料處理」，速讀便僅包含「快速閱讀完畢」的目的，那不是很可惜嗎？

然而，只要有「與書本的相遇」的概念，速讀便不只是「快速閱讀完畢」而已。以前看不懂的書，從來沒想過要去看的書，也會想開始把它們拿來「迅速閱讀」、「大量閱讀」。

於是，在與各式各樣的書籍相遇的過程中，你的資料庫會愈來愈豐富，速讀能力也會逐漸提升。

◎驚奇感是速讀的必要事項

我試著在這本書中，以雪球速讀法作為起點，讓讀者體驗高速大量循環的速讀世界。讀者看完後有什麼感想呢？

本書介紹的閱讀方式，是讓你記憶中的知識、資訊、經驗等「雜學資料庫」，與書本反應、共鳴。這或許和你以前對速讀的印象有不小的差距。

也就是說，就在這個瞬間，你邊看著這本書，邊與自己「對速讀的印象」這個資料庫反應、共鳴。若再加上「閱讀時不轉換成聲音」、「閱讀時不求甚解」等速讀技巧，其實你在做正是速讀。

請你一定要試著持續下去，逐漸活用速讀方法。

最後，讓我來說明一下速讀時的必要事項。但我想講的並不是移動眼球的速度、也不是要傳授能迅速看過文字的能力。

我指的是驚奇感（Sense of Wonder），或者說是「想去多看看美麗事物、未知事物、神秘事物的感性」。也可說是富彈性的思考方式，或者是開放的心胸。

要是缺乏這樣的感性，便難以感受到與書本之間的反應或共鳴。而且，為了培養這樣的感性，也需要利用速讀的方式接觸各式各樣的書籍。

「原來還有這樣的世界！」

「原來還有這種想法！」

這種驚奇與感動的體驗，會提升「**驚奇感**」的動機，並提高閱讀的速讀，讓你有更深入的閱讀經驗。

那麼，接下來你想速讀什麼書呢？

後記

距今二十五年前，我想著「這麼一來，在大學內就能輕鬆學習」，而開始學習速讀。

雖然與當初所期待的東西相差不少，我卻藉此認識了更有趣、更廣闊且深奧的世界。使我覺得在我的人生中，想讓更多人瞭解什麼是速讀。

然而令人遺憾的是，現實中的速讀卻停留在許多千奇百怪的概念。

就像我在「前言」中所說，大多數的速讀教室或速讀的教學書籍，只偏重眼睛的訓練以及腦能力的訓練，無視資料庫的重要性。

大概在幾年前，有種「運動速讀」，號稱「經過這種速讀訓練後，你也能夠打到一五〇公里的快速球」，並盛行於許多當時的電視節目中。只把焦點放在眼球訓練這種表面上的技術，把「閱讀」這個目的拋諸腦後，整個否定解決問題的方法。

由於閱讀會用到眼睛，我想說的並不是眼睛的訓練沒有意義。我自己曾在某個速讀教室中接受注視黑點的訓練，用最大的力氣睜大眼睛不眨眼，讓眼淚嘩啦嘩啦的流下來，之後也真的有辦法輕鬆的讓視線掃過書頁。

不過，這種訓練需要花費金錢和時間，在這之前應該有更有效果、更簡單的方法可以嘗試。

本書整理我多年來的經驗，從我學習速讀、親自測試各種方法的經驗開始，到我認為在工作和日常生活中，速讀可以在哪些地方派上用場。這些都是你有辦法馬上實行的方法，請你一定要試著實行看看。

在實行這些方法時，有任何感想，或者有任何疑問，請到我的部落格（http://ameblo.jp/kosoku-tairyokaiten-ho/）留言或留訊息給我。

最後，非常感謝為本書內容提供建議的寺田昌嗣先生與松岡克政先生，以及企劃這本書，給予豐富支援的丑久保和哉先生，非常謝謝你們的幫助。

宇都出 雅巳

國家圖書館出版品預行編目（CIP）資料

雪球速讀法——累積雜學資料庫，達到看書十倍速，大考小考通通難不倒 / 宇都出雅巳作；陳朕疆譯. -- 初版. -- 新北市：智富, 2015.02
面；　公分. --（風向；87）
ISBN 978-986-6151-78-1（平裝）

1.速讀 2.讀書法

019.1　　103025113

風向 87

雪球速讀法

——累積雜學資料庫，達到看書十倍速，大考小考通通難不倒

作　　者／宇都出雅巳
譯　　者／陳朕疆
主　　編／陳文君
責任編輯／李芸
封面製作／鄧宜琨
出 版 者／智富出版有限公司
發 行 人／簡玉珊
地　　址／（231）新北市新店區民生路 19 號 5 樓
電　　話／（02）2218-3277
傳　　真／（02）2218-3239（訂書專線）
（02）2218-7539
劃撥帳號／ 19816716
戶　　名／智富出版有限公司　單次郵購總金額未滿 500 元（含），請加 80 元掛號費
世茂網站／ www.coolbooks.com.tw
排版製版／辰皓國際出版製作有限公司
印　　刷／世和彩色印刷股份有限公司
初版一刷／ 2015 年 2 月
十四刷／ 2022 年 7 月
ISBN／ 978-986-6151-78-1
定　　價／ 250 元

黏貼處

世茂好書．豐富心靈

世潮精典．智慧同行

電話：(02) 22183277
傳真：(02) 22187539

廣告回函
北區郵政管理局登記證
北台字第9702號
免貼郵票

231新北市新店區民生路19號5樓

世茂
世潮 出版有限公司 收
智富

黏貼處

請沿虛線剪下裝訂寄回，謝謝！

讀者回函卡

感謝您購買本書，為了提供您更好的服務，歡迎填妥以下資料並寄回，我們將定期寄給您最新書訊、優惠通知及活動消息。當然您也可以E-mail：Service@coolbooks.com.tw，提供我們寶貴的建議。

您的資料（請以正楷填寫清楚）

購買書名：________________

姓名：________ 生日：____年____月____日

性別：□男 □女　E-mail：________________

住址：□□□____縣市____鄉鎮市區____路街

____段____巷____弄____號____樓

聯絡電話：________________

職業：□傳播 □資訊 □商 □工 □軍公教 □學生 □其他：____

學歷：□碩士以上 □大學 □專科 □高中 □國中以下

購買地點：□書店 □網路書店 □便利商店 □量販店 □其他：____

購買此書原因：___ ___ ___ ___ ___ ___（請按優先順序填寫）

1封面設計　2價格　3內容　4親友介紹　5廣告宣傳　6其他：____

本書評價：

____ 封面設計 1非常滿意 2滿意 3普通 4應改進

____ 內　容 1非常滿意 2滿意 3普通 4應改進

____ 編　輯 1非常滿意 2滿意 3普通 4應改進

____ 校　對 1非常滿意 2滿意 3普通 4應改進

____ 定　價 1非常滿意 2滿意 3普通 4應改進

給我們的建議：